AR Y FFORDD
Llyfr 1
(9-11 oed)

Addasiad Cymraeg: Hawys Ll. Hughes

TnT Ministries

CYHOEDDIADAU'R GAIR

Credwn fod y Beibl yn dysgu gair Duw i ddynoliaeth, a'i fod yn cynnwys pob dim sydd angen ei wybod er mwyn cymodi â Duw a byw mewn ffordd sy'n ei blesio. Am hynny, credwn ei fod yn bwysig i ddysgu plant yn gywir o'r Beibl, gan fod yn ofalus i ddysgu gwir ystyr pob adran mewn ffordd addas i blant, yn hytrach na dethol 'neges ar gyfer plant' allan o adran o'r Beibl.

ⓗ Cyhoeddiadau'r Gair 2003

Deunydd gwreiddiol: TnT Publications Ltd
Darluniau gan Ben Desmond
Addasiad Cymraeg: Hawys Ll. Hughes
Golygydd Testun ac Iaith: Elisabeth James
Golygydd Cyffredinol: Aled Davies
Cyhoeddwyd yn wreiddiol gan Christian Focus Publications Ltd

ISBN 1 85994 476 0
Argraffwyd yng Nghymru
Cedwir pob hawl. Ni chaniateir copïo unrhyw ran o'r deunydd hwn mewn unrhyw ffordd oni cheir caniatâd y cyhoeddwyr.

Cyhoeddwyd gan:
Cyhoeddiadau'r Gair, Cyngor Ysgolion Sul Cymru,
Ysgol Addysg, PCB, Safle'r Normal,
Bangor, Gwynedd, LL57 2PX.

Rhoddir caniatad a rhyddid i lungopïo deunyddiau gweledol a thudalennau gweithgaredd ar gyfer defnyddio mewn dosbarth yn unig. Gofynnwn fod pob person sy'n defnyddio y llyfr ar gyfer dysgu yn pwrcasu ei gopi ei hun. Mae copïo a rhannu heb awdurdod yn waharddedig.

CYNNWYS

Ar y Ffordd, 9-11 oed / Llyfr 1

WYTHNOS	TESTUN	TUDALEN
	SALMAU – arolwg	6
1	Datguddiad Duw	8
2	Brenin y Gogoniant	10
	YN Y DECHREUAD, DUW – arolwg	13
3	Creadigaeth	15
4	Gwrthryfel	22
5	Llofruddiaeth	29
6	Barnedigaeth	33
7	Anrhefn	39
	DECHRAU NEWYDD – arolwg	42
8	Meddyginiaeth i Bechod	43
9	Geni o'r Newydd	49
10	Ffordd o Fyw Newydd	54
11	Gweld Pethau'n Wahanol	60
12	Gorchfygu Marwolaeth	64
13	Dweud y Gwir	71
	PROFFWYDOLIAETH WEDI EI CHYFLAWNI? – arolwg	74
14	Drama Gŵyl y Geni	75
15	I bwy y genir y Meseia?	79
16	Ple caiff y Meseia ei eni?	82
17	Pam y caiff y Meseia ei eni?	83
18	SALMAU – Yr Eneiniog Un	84

Mae **Ar y Ffordd ar gyfer 9 – 11oed** ar gyfer maes llafur dwy flynedd, yn cynnwys 6 llyfr. Mae'n dilyn ymlaen oddi wrth **Ar y Ffordd ar gyfer 3 – 9 oed** ac yn cynnwys defnyddiau heb eu cynnwys yn y maes llafur hwnnw. Mae wedi ei gynllunio i gyflwyno plant yn yr oedran hwn i astudiaeth Feiblaidd syml.

Mae'r gwersi wedi eu grwpio mewn testunau, gyda phob un ohonynt wedi eu cyflwyno gan gipolwg o'r testun yn nodi'r amcanion, amcan y wers ar gyfer pob wythnos a chydag adnod addas i'w dysgu ar gof.

Yn ychwanegol at yr amcan, mae gan bob gwers nodiadau i alluogi yr athro i ddeall yr adran o'r Beibl, adnoddau gweledol yn ôl yr angen yn cynnig gweithgareddau i blant eu gwneud ac i gymeryd adref. Oherwydd y pwyslais ar ddysgu sgiliau astudio Beiblaidd sylfaenol, mae llawer o'r gweithgareddau ar ffurf taflennu gwaith. Mae'r rhain yn cynnig cyfleoedd i gymhwyso y gwersi a ddysgwyd. Mae llawer o'r gwersi hefyd yn cynnwys gweithgareddau crefft.

Sut i baratoi gwers

Cymer o leiaf un noson (2-3 awr) i baratoi gwers Ysgol Sul yn iawn. Mae o fudd i ddarllen y bennod o'r Beibl rai dyddiau ymlaen llaw er mwyn caniatáu amser i chi feddwl beth y mae'n ei olygu.

Mae angen cymryd y camau canlynol i ystyriaeth wrth baratoi gwers:-

1. GWEDDÏWCH
Mewn byd sydd mor brysur, mae'n hawdd anghofio. Ni fedrwn ddeall gair Duw heb y cymorth hwn ac mae angen inni atgoffa ein hunain o'r ffaith hon cyn dechrau.

2. DARLLENWCH Y BENNOD O'R BEIBL
Mae angen gwneud hyn cyn darllen y gwerslyfr. Y Beibl yw ein hadnodd, yn hytrach na be ddywed rhywun amdano. Mae'r nodiadau Beiblaidd sydd yn y gwerslyfr yno fel esboniad ar y bennod er mwyn bod o gymorth i chi ei deall.

3. EDRYCHWCH AR BWRPAS Y WERS
Dylai hyn adlewyrchu prif ddysgeidiaeth y bennod. Cynlluniwch sut y medrwch osod hyn at ei gilydd ar gyfer yr oed yr ydych yn ei ddysgu.

4. DYSGU'R BENNOD O'R BEIBL
Ceisiwch wneud hyn yng nghyd-destun astudiaeth Feiblaidd syml. Sicrhewch bod y plant yn dilyn yr un fersiwn o'r Beibl. Cyn y wers penderfynwch sut yr ydych am ddarllen y bennod (e.e. un adnod ar y tro) a phwy sydd i wneud y darllen. A yw'r bennod yn ddigon byr i'w darllen i gyd neu oes angen i'r athro ei haralleirio? Gweithiwch drwy'r bennod, gan benderfynu pa rannau sydd angen eu trafod. Meddyliwch am gwestiynau pwrpasol er mwyn amlinellu'r prif bwyntiau o'r bennod. Cynlluniwch y cwestiynau cyntaf yn y fath fodd fel eu bod yn canolbwyntio ar y ffeithiau yn hytrach na derbyn 'ie' neu 'na' fel ateb. Os etyb y plant gan ddefnyddio adnod o'r Beibl, canmolwch hwy, yna gofynnwch am iddynt roi'r ateb yn eu geiriau eu hunain. Unwaith y sefydlir y ffeithiau ewch ymlaen i gwestiynau a fydd yn annog y plant i feddwl sut y bydd y ddysgeidiaeth yn effeithio ar eu bywydau. Cofiwch y bydd yn bosib i'r grŵp yma wybod yr atebion i gyd – cymhwyso'r wybodaeth Feiblaidd i'w hymddygiad sy'n anodd!

5. CYMORTH GWELEDOL
Pur anaml mae angen lluniau ar gyfer y grŵp yma. Mae 'Bible Time Line' o fudd er mwyn galluogi'r plant i weld lle y mae'r cysylltiad rhwng yr hyn a ddysgir o'r bennod a'r darlun o ddatguddiad Duw i'w bobl. (Cewch hyd i'r Bible Time Line yn llyfr 4 o'r gyfres). Mae map o ddefnydd i ddangos pellteroedd ac ati. Defnyddir lluniau a modeli ar gyfer anghenion lle y buasai'n anodd disgrifio'r hyn sy'n digwydd yn y darllenniad e.e. y Tabernacl.
Bydd bwrdd gwyn neu debyg o fantais i grynhoi y wers.

6. CREFFT A THAFLENNI GWAITH
Mae rhain o fudd i helpu'r plant i ddeall a chofio yr hyn a ddysgwyd. Defnyddiwch y daflen waith i helpu'r plant i astudio'r bennod o'r Beibl. Nid yw'n angenrheidiol i'r plant lenwi'r blychau pob wythnos. Caiff y gweithgaredd ei ddefnyddio er mwyn arwain y wers neu fel gweithgaredd i ddilyn y wers. Does dim angen llawer o waith paratoi ar yr athro.

Manteision o 'AR Y FFORDD'

- Mae'n annog yr arweinwyr i astudio'r Beibl drostynt eu hunain

- Mae'n dysgu'r plant sgiliau syml o astudio'r Beibl.

- Mae popeth gennych mewn un llyfr, felly 'does dim angen prynu llyfrau gweithgarwch ar gyfer y plant.

- Mae'n ddeunydd nad yw wedi'i ddyddio.

- Unwaith y bydd y maes llafur i gyd gennych, nid oes angen prynu ychwaneg.

Mae **Ar y Ffordd ar gyfer 9 – 11 oed** ar gyfer dysgu y grŵp hwn o oedran deall adran o'r Ysgruthur. Caiff y plant chwestiynau sy'n gofyn iddynt droi i .... o'r Beibl neu at y cyfeiriadau-traws ar gyfer yr atebion sydd wedi eu darparu.

Cyn dysgu sut i astudio y Beibl mae angen i'r plant wybod beth ydyw a sut i ffeindio eu ffordd o'i gwmpas.

Y Beibl
Mae Cristnogion yn credu bod y Beibl yn air Duw a'i fod yn cynnwys y cyfan sydd arnom angen ei wybod er mwyn byw bywyd mewn perthynas â Duw ac â'n gilydd. Dyma'r ffordd y mae Duw wedi dewis i'w ddatguddio ei hun i ddynoliaeth; y mae nid yn unig yn recordio ffeithiau hanesyddol ond hefyd ddehongli'r ffeithiau hynny. Nid llawlyfr gwyddonol ydyw.

Beth y mae'r Beibl yn ei gynnwys?
Stori Duw yw'r Beibl. Y mae wedi ei rannu'n ddau ran – yr Hen Destament a'r Testament Newydd. Ystyr 'Testament' yw 'cyfamod' neu 'addewid'.

Mae'r Hen Destament yn cynnwys 39 o lyfrau sy'n ymestyn o gyfnod y greadigaeth i tua 400 mlynedd cyn geni'r Iesu. Mae'n recordio gweithredoedd mawrion Duw – creadigaeth; barn a thrugaredd yngyd â'u dehongliad trwy eiriau y proffwydi.

Mae'r Testament Newydd wedi ei wneud i fyny o 27 o lyfrau sy'n cynnwys manylion am fywyd, marwolaeth ac atgyfodiad Iesu, lledaeniad yr efengyl yn yr Eglwys fore, athrawiaeth Gristnogol a'r farn olaf.

Pwy ysgrifennodd y Beibl?
Ysgrifennwyd llyfrau'r Beibl gan bersonau gwahanol, rhai ohonynt yn adnabyddus ac eraill yn anadnabyddus. Mae Cristnogion yn credu bod yr awduron wedi eu hysbrydoli gan Dduw (2 Pedr 1:20 - 21, 2 Timotheus 3:16). Oherwydd hyn gallwn ymddiried yn yr hyn mae'n ei ddweud.

Sut gallwn ffeindio'n ffordd o gwmpas y Beibl?
Mae pob llyfr o'r Beibl wedi ei rannu'n benodau, pob un yn cynnwys nifer penodol o adnodau. Pan ysgrifennwyd y Llyfrau yn wreiddiol nid oedd y rhaniadau yn benodau ac adnodau ynddynt. Ychwanegwyd y rhain er mwyn galluogi'r darllenwyr i ffeindio'u ffordd o gwmpas y Beibl. Pan wnawn gofnod ysgrifenedig ohonynt fe'u cofnodwn yn y ffordd a ganlyn, Genesis 5:1 – 10. Mae hyn yn dweud wrthym am edrych i fyny yn llyfr Genesis, pennod 5, adnod 1 i 10.

Os trowch i dudalen blaen y Beibl fe gewch dudalen cynnwys, yn rhestri y llyfrau yn y drefn maent yn ymddangos yn y Beibl. Y mae'n berffaith dderbyniol i edrych i fyny y mynegai i weld pa dudalen i droi iddi.

Cynorthwyon i ddeall adran o'r Beibl
- Mae llawer o'r gwersi â tudalennau gweithgaredd sy'n helpu i dynnu allan prif ddysgeidiaeth yr adran o'r Beibl.
- Gellir pwrcasu pecynau o fapiau a siartau oddi wrth siopau llyfrau Cristnogol.
- Mae Llinell Amserlen y Beibl yn ddefnyddiol i atgyfnerthu cofio cronoleg y Beibl (gwelwch Lyfr 4 yn y gyfres).

Cwestiynau i gynorthwyo mewn deall
Bob hyn a hyn defnyddiwch y cwestiynau i helpu y plant i ddeall yr adran:
- Pwy wnaeth ei ysgrifennu?
- I bwy yr ygrifennwyd?
- Pryd yr ysgrifennwyd?
- Pa sefyllfa mae'n ei ddisgrifio? (os yn berthnasol)

I wneud siart o lyfrgell y Beibl ehangwch y patrymlun isod yn ôl yr angen. Lluniwch 2 set o silffoedd ar ddarn mawr o bapur (gwelwch y diagram). Labelwch y silffoedd. Torrwch y llyfrau nad ydych eu hangen oddi wrth bob set ac ysgrifennwch enwau y llyfrau ar eu hochr. Gludiwch y llyfrau ar y silffoedd priodol yn y drefn maent yn ymddangos yn y Beibl.

Llyfyrgell y Beibl

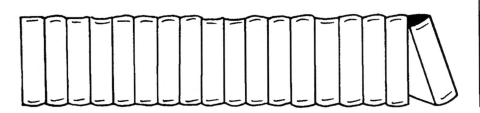

Hen Destament	Testament Newydd
Y Gyfraith (5 llyfr)	Efengylau ac Actau (5)
Hanes (12 llyfr)	Epistolau Paul (13)
Barddoniaeth a Llên Doethineb (5)	Epistolau Eraill (8)
Proffwydi (17 llyfr)	Proffwydoliaeth (1 llyfr)

Salmau

Wythnos 1 — **DATGUDDIAD DUW** *Salm 19:1-14*
I ddeall sut mae Duw yn amlygu ei hun a beth ddylai fy ymateb fod.

Wythnos 2 — **BRENIN Y GOGONIANT** *Salm 24:1-10*
I ddeall mwy am natur Duw a pha mor amhosib yw i sefyll gerbron Duw yn fy haeddiant fy hun.

Amcanion y Gyfres

1. I ddeall mwy am natur Duw a'i ddatganiad ohono'i hun
2. I ddeall be ddylai fy ymateb fod yng ngoleuni'r uchod (1)

Llyfr y Salmau, oedd y llyfr emynau a ddefnyddiwyd yn y Deml yn dilyn y dychweliad o'r gaethglud. Er hynny, nid emynau yn unig mohonynt ond hefyd maent yn fodd o addysgu, e.e. Salm 34 lle y dechreuir pob adnod gyda llythyren o'r wyddor Hebraeg, ac sy'n galw am ymateb personol gan y gwrandawr.

Mae pob Salm yn cael ei chyfeirio at Dduw neu yn sôn amdano. Dywedant am Duw Israel, a ddaeth a hwy allan o'r Aifft, gan wneud cyfamod â hwy, ag sy'n gofalu ac yn amddiffyn ei bobl. Nid oes un o'r salmau yn gofyn am iachawdwriaeth tragwyddol, er mae rhai ohonynt yn galw am faddeuant (Salm 51) ac eraill yn sôn am obaith newydd. Nid oedd gan Iddew'r Hen Destament unrhyw ddiwynyddiaeth ddatblygedig am y farn derfynol ac mae llawer o'r salmau yn galw allan ar i Dduw farnu'r rhai drwg ar y pryd (Salmau 35, 69). Mae'r salmau wedi eu hysgrifennu o safbwynt pobl Dduw, a oedd â pherthynas arbennig gydag Ef.

Mae Llyfr y Salmau wedi ei rannu'n bum llyfr (gweler isod) a defnyddiwyd y rhain mewn addoliad cyhoeddus ar y cyd â'r pum llyfr o'r Torah (Genesis - Deuteronomium). Mae pob un o'r pum rhan yn gorffen gyda mawlgan.

Cafodd Llyfr y Salmau ei gwblhau a'i roi mewn trefn yn nghyfnod Esra, er fod nifer o'r salmau wedi'i dyddio cyn hyn e.e. Salm 90 – gweddi gan Moses, a salmau a ysgrifennwyd gan Dafydd. Mae bron i hanner y salmau wedi'i priodoli i Dafydd. Tybier fod nifer ohonynt wedi cael eu hysgrifennu ganddo, er mae 'o Ddafydd' yn medru golygu 'yn ffurf/awdurdodwyd gan'. Yr awduron eraill yw Solomon (2), Asaph a meibion Cora (24), Heman (1), Ethan (1) a Moses (1), sy'n gadael 48 ag awduron anhysbys. Gweinyddwyr y Deml oedd Asaff a meibion Cora yn oes Solomon a hwy oedd yn gyfrifol am yr addoliad yn y Deml. Mae rhai o'r salmau, e.e. 137, wedi eu hysgrifennu yn oes Esra pryd yr adeiladwyd yr ail Deml.

'Roedd rhai o'r salmau yn cael eu defnyddio ar gyfer achlysuron arbennig,

e.e.
Salm 81	Gwledd y Tabernaclau.
Salmau 113-118	Pasg.
Salmau 120-134	Cenir gan y pererinion ar eu ffordd i Jerwsalem i ddathlu'r tair Gŵyl flynyddol.
Salm 130	Dydd y Cymod

LLYFR	SALM	TORAH	ESBONIAD CYFFREDINOL
I	1-41	Genesis	Y Greadigaeth, pechod ac achubiaeth.
II	42-72	Exodus	Cenedl Israel, wedi'i dinistrio a'i gwaredu.
III	73-89	Lefiticus	Sancteiddrwydd Duw, y Deml, Duw ar ei orsedd.
IV	90-106	Numeri	Perthynas Israel a Theyrnas Duw gyda'r cenhedloedd cyfagos.
V	107-150	Deuteronomium	Emynau o fawl am Dduw a'i waith.

Mae'r pwyntiau canlynol o fudd pan yn darllen y salmau:

1. Cawsant eu hysgrifennu i Iddewon. Sut mae Iddewon heddiw yn eu dehongli, a pham mae Cristnogion yn eu dehongli yn wahanol?
e.e. Salm 22. Cafodd y salm hon ei hysgrifennu gan Dafydd ac mae'n rhoi darlun clir o'i sefyllfa, ond eto ni wêl yr Iddew gyfeiriad at y Meseia. I'r Iddew, nid yw'r Meseia i ddioddef ond i deyrnasu mewn gogoniant. Rhydd y salmau gymorth i'r Iddew modern i addoli a gweddïo ar Dduw.

2. Bu i Iesu a Pedr ddyfynnu ohonynt er mwyn profi pwynt e.e.
   - Mathew 21:16 — Salm 8:2
   - Mathew 21:42 — Salm 118:22-23
   - Actau 2:25-28 — Salm 16:8-11
   - Actau 2:34-35 — Salm 110:1

3. Mae'r salmau canlynol yn cyfeirio at y Meseia:
   - Yr Eneiniog Frenin
     - Salm 2:1-2 — Actau 4:25-26
     - Salm 45:6-7 — Hebreaid 1:9
     - Salm 110:1 — Luc 20:41-44, Hebreaid 1:13
   - Mab Duw
     - Salm 2:7 — Hebreaid 1:5
   - Duw
     - Salm 45:6-7 — Hebreaid 1:9
     - Salm 68:18 — Effesiaid 4:7-8
     - Salm 102:25-27 — Hebreaid 1:10-12
   - Gwas dioddefus
     - Salm 22:1 — Mathew 27:46
     - Salm 35:19 — Ioan 15:25
     - Salm 40:6-8 — Hebreaid 10:5-7
     - Salm 41:9 — Ioan 13:18
     - Salm 69:9 — Ioan 2:17
     - Salm 118:22-23 — Mathew 21:42-44, Actau 4:11
     - Salm 118:26 — Mathew 23:39

Mae'r gyfres hon yn edrych ar ddwy salm o Lyfr 1 — Salmau 19 a 24. Mae Salm 19 yn astudio'r modd y mae Duw yn siarad, trwy ei greadigaeth a thrwy ei gyfraith; mae Salm 24 yn manylu ar nodweddion y dyn sy'n medru sefyll ym mhresenoldeb Brenin y Greadigaeth.

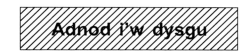

Adnod i'w dysgu

Bydded geiriau fy ngenau'n dderbyniol gennyt, a myfyrdod fy nghalon yn gymeradwy i ti, O Arglwydd, fy nghraig a'm prynwr.
Salm 19:14

WYTHNOS 1
Datguddiad Duw

Paratoad:
Darllenwch Salm 19: 1-14, gan ddefnyddio'r nodiadau Beiblaidd i'ch helpu.

Pwrpas y Wers:
Deall sut mae Duw yn amlygu ei hun a beth ddylai fy ymateb fod.

Rhennir y salm i dri dosbarth:-
- ad. 1-6 datguddiad Duw trwy'r greadigaeth,
- ad. 7-11 datguddiad Duw trwy ei air ysgrifenedig,
- ad. 12-14 ymateb yr addolwr.

19:1 Gweler Rhufeiniaid 1:20

19:2 Gweler Job 37:1-7. Ffurfafen y nos yn arddangos gwybodaeth – tan yn ddiweddar ni fuasai'r ddynoliaeth yn gwybod dim byd am y bydysawd onibai bod sêr yn weladwy.

19:3-4a Mae'r adnodau yma yn sôn am ddatguddiad Duw – nid oes gan ddyn unrhyw fodd o ddianc rhag gwybodaeth o Dduw.

19:4b-6 Gweler Job 37:21-24, Rhufeiniaid 10:18. Y mae hyd yn oed yr haul yn ufuddhau i'r Creawdwr ac yn dilyn y cwrs a osodwyd iddo.

19:6 Mae teyrnasiad Duw yn gyffredinol – ni fedr unrhyw beth guddio rhagddo.

19:7 Mae 'Cyfraith' yn ymadrodd cynhwysfawr am ewyllys ddatguddiedig Duw.
- 'perffaith' - gweler Rhufeiniaid 12:2.
- 'adfywio' i roi bywyd newydd.
- 'deddfau/tystiolaeth' – y gwir wedi'i ardystio gan Dduw (1 Ioan 5:9).
- 'dibynadwy/sicr' - arferol

19:8 'deddfau a gorchmynion'- Mae Duw yn bendant ynglŷn â beth a ddisgwylir gennym ac mae ei eiriau yn rhai awdurdodol.
- 'hawl' – hawl moesol/di-wyro.

19:9 'ofn'- yr ymateb a ddaw wrth glywed gair Duw.
- 'yn Lân' – gweler Salm 12:6.
- 'ordinhadau/barnedigaethau' – penderfyniadau barnol mae Duw wedi eu gwneud yn dilyn enbydrwydd dynol
- 'sicr/yn wir' - dibynnol.
- 'bob un' – y cyfan ohonynt.

19:11 Pwrpas gair Duw yw i achosi ymateb gan y gwrandawr gan arwain at newid cyfeiriad. Mae'r gwrandawr yn cael ei rybuddio i droi o'i ffordd ei hun gan ddilyn Duw a chadw ei orchymynion.

19:12-13 Roedd Cyfraith Moses yn gwahaniaethu rhwng y pechodau anfwriadol a'r bwriadol (Numeri 15:27-31), er nad oedd y naill na'r llall yn cael eu goddef.

19:14 Nid yn unig fy ngweithrediadau da sydd i fodloni Duw (Salm 19:12-13), ond hefyd fy ngeiriau a myfyrdod fy nghalon.

Cynllun y wers

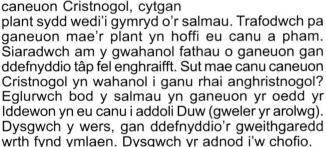

Cyn y wers, paratowch dâp o wahanol fathau o ganeuon, e.e. caneuon pop, hwiangerddi, caneuon Cristnogol, cytgan plant sydd wedi'i gymryd o'r salmau. Trafodwch pa ganeuon mae'r plant yn hoffi eu canu a pham. Siaradwch am y gwahanol fathau o ganeuon gan ddefnyddio tâp fel enghraifft. Sut mae canu caneuon Cristnogol yn wahanol i ganu rhai anghristnogol? Eglurwch bod y salmau yn ganeuon yr oedd yr Iddewon yn eu canu i addoli Duw (gweler yr arolwg). Dysgwch y wers, gan ddefnyddio'r gweithgaredd wrth fynd ymlaen. Dysgwch yr adnod i'w chofio.

Os mai dyma'r tro cyntaf i'r plant wneud Astudiaeth Feiblaidd eglurwch iddynt sut i ddod i adnabod y Beibl (gweler y cyfarwyddiadau ar dudalen 5).

Gweithgaredd

Llun-gopïwch dudalen 9 ar gerdyn i bob plentyn. Torrwch allan y 3 cylch gan dorri ar hyd y llinell gadarn ar y 2 gylch mawr. Cysylltwch y 3 cylch gyda'i gilydd drwy roddi pin papur trwy X. Mae'r cylch gyda 'Duw yn datguddio ei hun' ar y top gyda'r cylch bach ar y gwaelod. I weld sut mae Duw yn datguddio ei hun unionwch yr ymylon sydd wedi'u torri o'r ddau gylch mawr gan dynnu'r cylch canol trwodd ar ben y cylch sydd ar y top. Trafodwch pob adran yna llanwch y rhannau priodol o'r cylch.

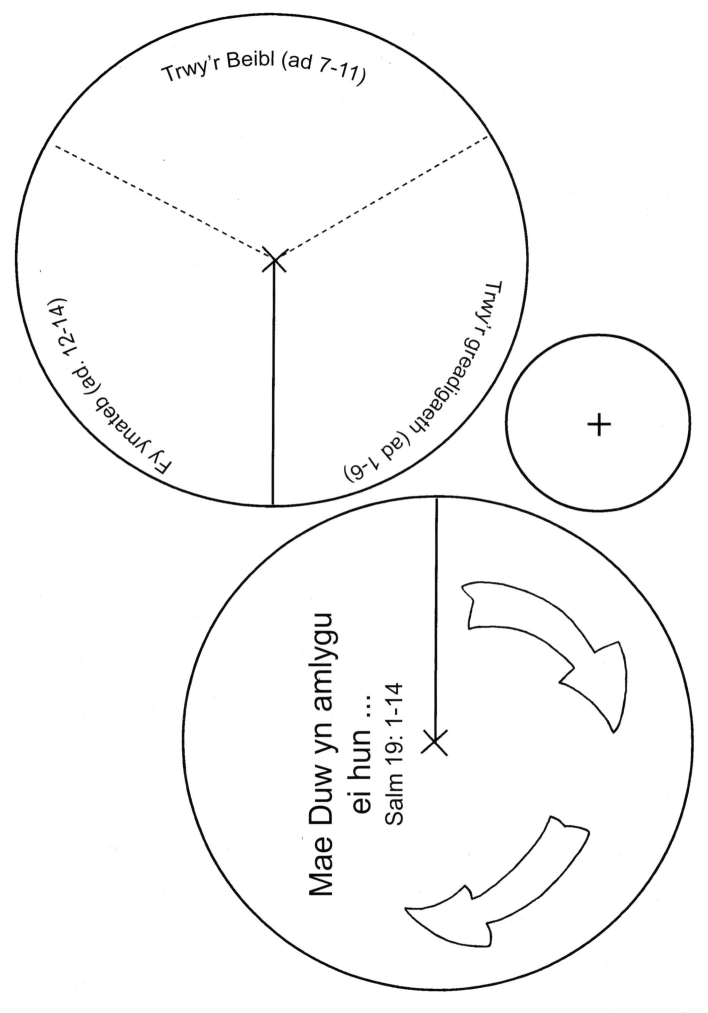

WYTHNOS 2
Brenin Y Gogoniant

Paratoad:
Darllen Salm 24: 1-10 gan ddefnyddio'r nodiadau Beiblaidd i'ch helpu

Pwrpas y wers:
I ddeall mwy am natur Duw, a pha mor amhosib yw i sefyll gerbron Duw yn fy haeddiant fy hun.

Mae'n bosib i'r salm yma cael ei chanu pan y daeth Dafydd a'r Arch o dŷ Obed-Edom i Jerwsalem (2 Samuel 6:12-15). Yn y salm hon gwelir Duw fel y creawdwr (a.1-2), yn sanctaidd (a.3-6) ac yn gwbl nerthol (a.7-10).

24:1-2   Mae Duw wedi ei sefydlu fel creawdwr. Mae popeth yn perthyn iddo gan mai Ef a'i gwnaeth.
24:3   'mynydd yr Arglwydd'- gweler Eseia 30:29. Y man lle y lleolwyd Teml Dduw.
24:4   Natur y person a fedr fod ym mhresendoldeb Duw (gweler hefyd Salm 15). Mae 'glân ei ddwylo' yn cyfeirio at weithred dyn a 'pur o galon' i feddwl a theimladau. 'dyrchafodd ei feddwl at wagedd' yn golygu rhoi eich ffydd yn rhywbeth neu rhywun nad yw'n Dduw. Mae 'ni thyngodd i dwyllo' yn cyfeirio at eiriau twyllodrus. D.S. – Iesu Grist yw'r unig ddyn i gyflawni'r anghenion yma yn llawn.
24:7-10 Mynediad buddugoliaethus Brenin y Gogoniant i'w deyrnas.

Dechreuwch gyda gêm. Gan ddefnyddio hyd o gortyn lein neu tap cuddio, marciwch allan gylch ar y llawr, digon mawr i nifer o bobl sefyll oddi mewn iddo. Dywedwch wrth y plant fod yna reolau sy'n rheoli pwy sy'n cael sefyll oddi mewn y cylch. Dywedwch wrthynt oll am sefyll. Fel yr ydych yn darllen allan rhai datganiadau mae angen i'r plant nad yw'r datganiad yn berthnasol iddynt eistedd i lawr, e.e. pawb sy'n hogyn, pawb sy'n gwisgo rhywbeth coch, y rhai sydd â llygaid glas, a.y.y.b. Parhewch nes bod gennych ond ychydig o blant ar ôl. Hwy yw'r plant sy'n cael aros yn y cylch. Os yw'r amser yn caniatáu, chwaraewch y gêm unwaith neu ddwywaith eto, gan sicrhau bod grŵp gwahanol yn cael eu gadael bob tro.

Dywedwch wrth y plant am y ffaith bod ganddynt reol ynglŷn ag aros yn y cylch, bod 'na hefyd reolau sy'n caniatáu pwy gaiff fynediad i deyrnas Dduw. Yn y darlleniad heddiw o'r Beibl cawn weld beth oedd y rheolau yma.

Atgoffwch y plant am adeiladwaith teml Solomon. Dangoswch lun o'r deml (gweler tud. 11), gan sicrhau fod y plant yn sylweddoli mai argraffiad artist yw. Roedd y deml oddeutu 27 medr o hyd, 9 medr o led a 13.5 medr o uchder (1 Brenhinoedd 6:2), felly ddim yn adeilad mawr ar gyfer addoliad cynulleidfaol. Rhanwyd oddi mewn yn ddwy ystafell, yr un nesaf i mewn (y lle mwyaf Sanctaidd) yn cynnwys Arch y Cyfamod a'r un allanol (y lle Sanctaidd) yn cynnwys Allor yr Arogldarth, y Canhwyllbren a Bwrdd y Bara Gosod. Dangoswch fel yr oedd safle y deml ar ben bryn, a wedi ei amgylchynu gan gyntedd. O flaen y deml roedd Allor y Poethoffrwm. Roedd yr addolwyr yn gwneud eu ffordd i fyny'r bryn i gyntedd y deml. Dim ond yr offeiriaid fyddai'n cael mynd i mewn i'r Lle Sanctaidd, a dim ond yr Archoffeiriad fyddai'n cael mynd i mewn i'r Lle Mwyaf Sanctaidd, a hynny unwaith y flwyddyn ar Ddydd y Cymod. Roedd angen cymedrolwyr (*go-betweens*) neu cyfryngwr rhyngddynt a Duw.

Canwyd Salmau yn addoliad y deml. Rhannwch y Salm i'w thair rhan (ad.1-2, 3-6 a 7-10) ac astudiwch nhw yn eu tro, gan edrych are beth a ddysgwn am Dduw, a pha fath berson all sefyll yn ei bresenoldeb. Dangoswch mai Iesu yw'r unig un sy'n cyflawni'n gofynion adnod 4 yn berffaith.

Ar ddiwedd yr astudiaeth defnyddiwch y chwilair i danlinellu ein hangen am Achubydd. Adolygwch yr Adnod i'w dysgu.

Mae darlun o deml Solomon ar dudalen 11.

Ffotogopiwch tudalen 12 i bob plentyn.

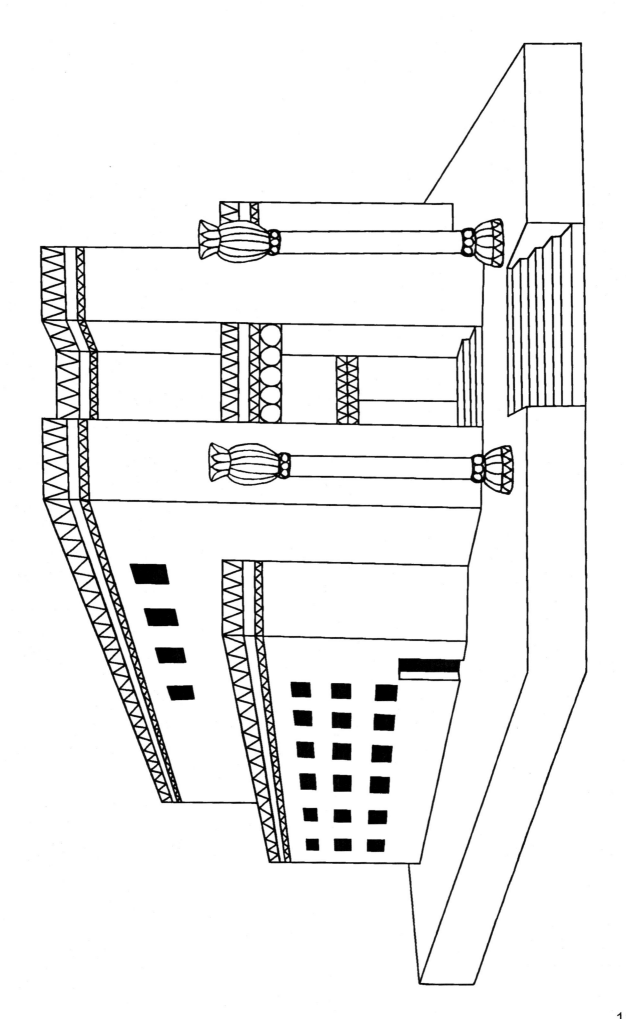

Brenin y Gogoniant — **Salm 24: 1-10**

CHWILAIR

I ddarganfod ffaith bwysig, ffeindia'r 15 gair yn y rhestr, yna, gan ddarllen o'r chwith i'r dde, ac o'r top i'r gwaelod, ysgrifenna y llythrennau **sydd ar ôl** yn y gwaelod. Mae pob gair yn rhedeg mewn llinell syth ond i unrhyw gyfeiriad. Ni ddefnyddir llythyren mwy nag unwaith.

H	I	R	W	D	E	R	A	W	G
G	O	S	A	N	C	T	A	I	DD
O	E	LL	S	D	O	C	U	Y	S
G	R	W	A	L	R	N	R	U	E
O	I	W	Y	LL	I	Y	D	Y	N
N	G	W	D	N	U	O	S	TH	F
I	D	W	E	W	B	O	I	A	N
A	N	R	L	Y	A	D	G	O	U
N	B	Â	W	M	N	E	L	A	R
T	R	LL	L	E	E	A	R	E	U
D	O	W	B	G	C	T	R	C	P
H	T	R	A	G	W	Y	DD	O	L

HOLLALLUOG
HOLLWYBODUS
BENDITH
GLÂN
CREAWDWR
DRYSAU
TRAGWYDDOL
DWYLO
CALON
SANCTAIDD
BRENIN
PUR
GWAREDWR
CRYF
TEML

_ _ _ _ _ _ _ _ _ _ _ _ _ _ _ _

Yn y Dechreuad – Duw

Arolwg

Wythnos 3
CREADIGAETH *Genesis 1:1- 2: 3*
I ddysgu mai Duw a wnaeth pob dim a'i fod yn dda.

Wythnos 4
GWRTHRYFEL *Genesis 2: 8 - 3:24*
I ddysgu sut y daeth pechod i'r byd a chanlyniad y digwyddiad hwnnw.

Wythnos 5
LLOFRUDDIAETH *Genesis 4:1-16*
I ddysgu bod pechod yn chwalu perthynas rhwng dyn a Duw a dyn a'i gyd-ddyn.

Wythnos 6
BARNEDIGAETH *Genesis 6:1- 8:22, 9:8-17*
I ddysgu bod Duw yn cosbi pechod, ond yn cynnig dihangfa i'r rhai sy'n ymddiried ynddo.

Wythnos 7
ANRHEFN *Genesis 11:1-9*
I ddysgu na all dyn fynd i'r nefoedd yn ei nerth ei hun.

Amcan Y Gyfres

1. I ddeall sut y daeth pechod i fyd perffaith Duw a chanlyniadau y digwyddiad hanesyddol hwnnw.

2. I ddeall pam mai Iesu yw'r unig ateb i ddelio â phechod.

Mae'r gyfres yma yn delio gyda phum digwyddiad hanesyddol – y byd yn cael ei greu, pechod yn cyrraedd y byd, y llofruddiaeth cyntaf, barn Duw ar y byd yn ei bechod ac effaith pechod ar berthynas rhwng cenhedloedd. Mae angen i'r rhain gael eu deall gan y plant os ydynt i ddeall yn iawn am ddigwyddiadau hanesyddol eraill - y croeshoeliad, yr atgyfodiad a Christ yn dychwelyd i farnu'r byd cyn creu nefoedd newydd a daear newydd. (Datguddiad 21:1).

Pan yn astudio hanes y creu mae angen cofio nad gwerslyfr gwyddonol mo'r Beibl. Ond eto mae yn dweud wrthym pwy greodd pob dim ac i ba bwrpas y'i crewyd. Roedd y cread yng ngofal y tri o'r drindod – Duw y Tad (Genesis 1:1), Duw y Mab (Ioan 1:1-3) a Duw yr Ysbryd Glân. (Genesis 1:2). Mae'r Beibl hefyd yn dweud wrthym fod y bydysawd wedi'i greu o ddim (Hebreaid 11:3). Cafodd y bydysawd ddechreuad - ni oedd yno o'r blaen. Nid yw'n ddiderfyn – Duw yn unig sydd. Mae'r Beibl yn ein dysgu'n glir mai Duw a wnaeth pob dim a bod pob dim o dan ei reolaeth (Hebreaid 1:2-3, 1 Cronicl 29:11), a bod Duw ar wahan i'w greadigaeth. Mae hefyd yn ein dysgu bod y bydysawd (a dyn) wedi'u creu er mwyn dod a gogoniant i Dduw. (Colosiaid 1:15-17, Daguddiad 4:11) . Mae'r hanes am y Cwymp yn ein dysgu sut wnaeth pechod gyrraedd byd perffaith Duw oherwydd anufudd-dod Adda ac Efa. Efa oedd y cyntaf i gael ei themtio i amau'r gwirionedd yng ngeiriau Duw (Genesis 3:1), ac yna i amau'r ffaith am ofal cariadlon Duw (Genesis 3:4-5 nid yw Duw am i ti fod mor ddeallus ac y mae Ef). Yn olaf, cafodd ei themtio i fod fel Duw ac i wybod y gwahaniaeth rhwng da a drwg (Genesis 3:6). Mae'n bwysig fod plant yn deall ein bod oll yn bechaduriaid (Rhufeiniaid 5:12) ac mai Iesu yw'r unig ateb (Genesis 3:15).

Mae'r drydedd wers yn cyfeirio at Cain ac Abel ac ymateb Cain pan wrthodwyd ei offrwm gan Dduw. Cafodd Cain y cyfle i gynnig offrwm derbyniol (Genesis 4:7), ond 'roedd yn well ganddo fynd ei ffordd ei hun yn hytrach na ffordd Duw. Mae angen i'r plant ddeall mae canlyniad pechod yw y cewch eich gwahanu oddi wrth Dduw.

Mae'r bedwaredd wers yn delio gyda'r dilyw – barnedigaeth gyfiawn ar ddrygioni parhaol (Genesis 6:5-7). Rhaid atgoffa'r plant nad yw Duw yn goddef pechod, ond ei fod wedi cynnig dihangfa i ni (Rhufeiniaid 5:8-9), yn union fel y gwnaeth i Noa.

Mae'r wers olaf ynglŷn â Thŵr Babel ac yn dangos balchder dyn yn meddwl y medrai wneud ei ffordd ei hun i'r nefoedd. Cosb Duw oedd i achosi dryswch a thor-berthynas ymysg dynion a rhwng cenhedloedd (Genesis 11:7)

Mae'r bedair gwers gyntaf yn y gyfres yn storïau y bydd y plant yn sicr yn gwybod amdanynt. Mae angen inni felly edrych ar y ffordd y maent yn effeithio ar ein dealltwriaeth o'r hyn a ddigwydd yn y byd heddiw, ac mai Iesu yw'r unig ateb i ddelio â'r broblem a achosir gan bechod.

Yn y dechreuad creodd Duw y nefoedd a'r ddaear.
Gwelodd Duw y cwbl a wnaeth, ac yr oedd yn dda iawn.
Genesis 1:1 a 31

WYTHNOS 3
Creadigaeth

Paratoad:
Darllen Genesis 1:1 – 2:3, gan ddefnyddio'r nodiadau Beiblaidd i'ch helpu

Pwrpas y wers:
I ddysgu mai Duw wnaeth pob dim a'i fod yn dda

1. Y Creawdwr
Mae Duw yn wahanol ac ar wahân i'w greadigaeth, ac eto, ar yr un pryd, mae ganddo berthynas agos a pharhaol â hi; ysbryd Duw yn ymsymud ar wyneb y dyfroedd (Genesis 1:2), mae'n siarad gyda dyn (Genesis 1:28), ac mae dyn yn mwynhau presenoldeb personol Duw.

Duw yn unig sydd greawdwr. Yn y dechreuad dim ond y Duw tragwyddol oedd yn bod. Mae Duw yn berson – dywedodd Duw, creodd Duw – nid yw yn rym neu yn ysbryd amhersonol (Salm 94:8-9). Y drindod yw Duw ac mae'r tri o'r drindod yn ymwneud â'r greadigaeth - Duw y Tad (Genesis 1:1), Duw y Mab (Ioan 1:1-3), a Duw yr Ysbryd Glân (Genesis 1:2).

2. Hanes y Cread
Gweithred bwrpasol gan Dduw yn creu trefn allan o anrhefn, gan greu mater/sylwedd o ddim. Dim damwain na siawns mohono, ond cynllun Duw.

Ni chafodd yr holl bethau eu creu ar yr un pryd ond mewn trefn benodol. Gwelir y chwe cam o'r creu mewn dau grŵp o dri; diwrnodau 1-3 ffurfio'r blaned, diwrnodau 4-6 llenwi'r blaned. Mae pob cam yn dechrau gyda gair Duw. Ond dim ond mewn dau ddiwrnod mae Duw yn siarad ddwywaith - diwrnod 3 (Genesis 1:11) a diwrnod 6 (Genesis 1:26). Mae hyn yn pwysleisio nad oedd yno ddatblydiad naturiol rhwng y di-fyw a'r byw neu o anifail i ddyn ond bod pob cam wedi'i gyfarwyddo gan Dduw (gweler hefyd Ioan 1:3). Er nad yw'r hanes yn ateb y cwestiwn 'sut?' mewn termau gwyddonol, mae yn cadarnhau mai Duw yw'r creawdwr ac yn datgan fod y cyfan wedi ei greu trwy ei air (gweler hefyd Salm 148:5, Colosiaid 1:16).

3. Dyn
Dyn oedd yr uchafbwynt yn y greadigaeth ac roedd yn unigryw gan iddo gael ei lunio ar ddelw Duw ei hun (Genesis 1:26) a chael rheolaeth dros weddill y greadigaeth (Genesis 1:28). Mae gan ddyn reolaeth dros weddill y greadigaeth oherwydd iddo gael ei greu ar ddelw Duw ac nid am ei fod yn gryfach neu yn fwy galluog. Mae yna derfyniad i reolaeth dyn (Salm 115:16).

4. Dyddiau'r creu
Mae yna dri prif posibilrwydd – yn llythrennol dyddiau o 24 awr (pryd y caed seibiant rhyngddynt?), adegau hir (pa mor hir oedd y seithfed ddyd pan gafodd Duw orffwys?), neu ddiwrnodau o ddatguddiad (h.y.bod Duw wedi datgelu camau o'r creu i Adda dros gyfnod o chwe niwrnod). Mae Cristnogion Efengylaidd yn amddiffyn y 3 safbwynt yma gan eu cefnogi gyda'r dystiolaeth o'r Beibl.

Y prif bwyntiau i'w cofio yw:

- beth bynnag fo'r ateb rhaid inni beidio a cholli golwg ar y pwyslais canolog. Duw yw'r creawdwr, ni chreodd y bydysawd mohono'i hun.
- rhaid inni ganiatáu i Dduw fod yn Dduw – trwyddo Ef mae popeth yn bosib.
- rhaid inni fabwysiadu'r ffordd fwyaf naturiol o ddarllen y Beibl oddi fewn i gyfyngiadau'r cynnwys a synnwyr cyffredin.

5. Esblygiad
Mae'r rhan fwyaf o blant wedi cael eu dysgu yn yr ysgol mai ar ddamwain y daeth y bydysawd i fod. Ffrwydrodd clwstwr o atomau yn y gofod a thrwy i rai o'r rhain lynnu at eu gilydd y lluniwyd y planedau a'r sêr (gweler y darlun). Un tystiolaeth a ddefnyddir i brofi hyn yw ehangiad y bydysawd.

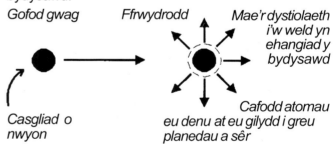

Gofod gwag — *Ffrwydrodd* — Mae'r dystiolaeth i'w weld yn ehangiad y bydysawd

Casgliad o nwyon

Cafodd atomau eu denu at eu gilydd i greu planedau a sêr

Mae'r gwyddonwyr sy'n astudio y syniad hwn yn cael eu dylanwadu fwy fwy gan y ffaith fod y bydysawd wedi ei greu yn y fath fodd fel bod y pwerau wedi eu cydbwyso i'r fath radd o gywirdeb a thrwy hyn yn unig mae'n bosib cael bywyd. Dywed y ffisegwr Paul Davies bod y cywirdeb sy'n angenrheidiol yma yr un fath a phetae saethwr da angen taro targed sgwâr o 1 modfedd (2.5 cms) o ben arall y bydysawd (20 biliwn blynyddoedd golau i ffwrdd). Ei ganlyniad yw *'the impression of design is overwhelming.'* Mae hyn yn gytûn gyda'r datganiad beiblaidd fod y bydysawd wedi ei gynllunio.

(Darlleniad pellach: *'Does God Play Dice?'* gan John Houghton, IVP)

6. Dechreuad Bywyd

Yn arbrawf Urey-Miller, gwnaethpwyd yn 1953, pasiwyd cerrynt trydanol i ddynwared mellten, drwy gymysgedd pre-biotig, gan peri creu rhai asidau amino. Asidau amino yw blociau adeiladu elfenol DNA. Mae'r DNA yng nghnewyllyn y gell yn cynnwys y gwybodaeth genetig sydd ei angen i ddynodi'r protinau ac y mae'm hynod o gymleth yn yr ystyr fod yn rhaid i'r asidau amino fod yn y drefn cywir. Mae creu y blociau adeiladu yn un peth, mae eu cael yn y drefn cywir yn fater cwbl wahanol. Dyma pam y datganodd Syr Fred Hoyle fod y tebygrwydd o fywyd yn digwydd trwy hap a damwain yr un mor debygol a chorwynt yn chwythu trwy iard sbwriel ac yn creu Boeing 747. (Gweler y Cymorth Gweledol.)

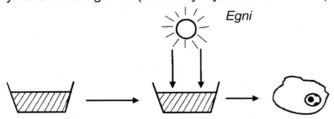

Cymysgedd Pre-biotig yn cynnwys pob peth sydd ei angen ar gyfer gwneud cell. — Egni — Ffurfio Cell

Esblygiad

Bydd llawer o'r plant wedi dysgu'r theori yma fel ffaith yn yr ysgol. Pan yn trafod esblygiad bydd gwahaniaethu rhwng macro-esblygiad a micro-esblygiad yn help. Micro-esblygiad yw'r amrywiadau bychan o fewn terfynau sy'n digwydd trwy ddetholiad naturiol, e.e. y newid yn hyd pîg llinos (finch) y sylwodd Darwin arnynt. Nid yw hyn yn ddadleuol. Ond nid yw'r dull sy'n egluro sut y mae pethau yn amrwyio yn esbonio sut y daethant i fod yn y lle cyntaf. Ar y llaw arall, mae macro-esblygiad yn cyfeirio at ddatblygiad y cell-byw o ddefnyddiau difywyd, at ffurfiau amlgellog o rhai ungellog, at gynllun-corff newydd, organau newydd ayyb., ac y mae hyn yn fwy dadleuol. Wrth i wyddoniaeth ddatblygu ac ymddangos ei fod yn ateb mwy a mwy o gwestiynau am sut y mae'r byd yn gweithio, y mae rhai pobl yn dod i'r casgliad fod rôl Duw yn y cyfan yn ddibwys (superfluous). Ond nid yw deall sut y mae rhywbeth yn gweithio yn gwrthod y syniad fod rhywun wedi ei ddylunio (cynllunio). Wrth ystyried car Model-T Ford, fe welwn y gwall yn y logic yma. Mae mecanyddion yn deall yn iawn sut y mae'r car yn gweithio, ond nid yw hyn yn ddadl am fodolaeth Mr Ford a'i gynlluniodd. Y mwy cywrain y darganfyddwn yw'r bydysawd, y mwy y dylai ein dwyn yn ôl i addoli y dyluniwr a'i greodd. *(Darllen pellach: 'Darwin on Trial' gan Phillip Johnson, IVP)*

Cynllun y Wers

Unai trafodwch paratoi ar gyfer cael ci bach newydd a new puppy. What sort of things would you need to do? The puppy will need a bed, food, to be kept happy, to be kept healthy and to be kept from harm. When God decided to make mankind he made a world for them to live in. Let's see what the Bible says that world was like.

Neu rhowch tudalen o bapur newydd, glud a siswrn i bob plentyn. Dywedwch wrthynt fod ganddynt 5 munud i wneud anifail, aderyn neu flodyn. Ar ôl iddynt orffen, maent i gymryd eu tro i ddangos eu creadigaeth i'r grŵp. Gall y grŵp ddyfalu beth y maent wedi ei greu? Os mai anifail neu aderyn yw, gall y plentyn ddynwared ei sŵn i helpu'r lleill ddyfalu. Fydden nhw wedi medru gwneud eu gwrthrych heb y defnyddiau yn y lle cyntaf? Gadewch i ni weld beth sydd gan y Beibl i ddweud am sut y crewyd y byd. Defnyddiwch y tudalenau gweithgaredd i helpu dysgu'r wers. Dysgwch yr adnod i'w chofio.

Cymorth Gweledol

Dangoswch i'r plant, gasgliad o lythrennau scrabble sy'n ffurfio gair. Gofynnwch iddynt ffurfio'r gair, yna cymrwch y llythrennau yn eich llaw neu eu rhoi mewn cwpan. Atgoffwch y plant fod yn rhaid i'r asidau amino yn y DNA fod yn y drefn cywir, yn unon fel y llythrennau yn y gair. Dywedwch wrthynt eich bod am ysgwyd y llythrennau er mwyn ail-greu y gair. Ysgydwch y llythrennau a'u gollwng ar y bwrdd 2 neu 3 gwaith i ddangos mor amhosibl yw hyn.

Gweithgaredd

Dros y 5 wythnos nesaf bydd y plant yn gwneud llyfr. Cedwir y llyfrau hyn yn y dosbarth nes eu cwblheir pryd y cânt mynd â hwy adre. Os nad oes amser i wneud y clawr, rhowch ffolder yr un iddynt gadw eu gwaith. Gellir gwneud y clawr unwaith y cwblheir y llyfr. Bydd pob plentyn angen tudalen 17 wedi ei ffotogopio ar gerdyn, 1 tudalen cerdyn A4 ar gyfer y clawr cefn, tudalennau 18-21 wedi eu ffotogopio ar bapur a 'slide binder' A4 i ddal y llyfr at ei giydd.

Cyfarwyddiadau

Torrwch allan y saeth o dudalen 18. Plygwch y pîg ymlaen lle y mae'n cyffwrdd a choes y saeth. Plygwch gynffon y saeth ymlaen tua 3 cm. o'r pen. Plygwch y saeth yn y canol gan ddwyn y dwy blyg arall at ei gilydd fel y saeth yn y diagram isod. Gludwch gynffon y saeth ar du cefn tudalen 17 oddeutu safle y llythyren Y. Gyda'r saeth wedi ei phlygu, gludwch y pîg ar gefn tudalen 19, gan osod tudalen 17 yn union uwcheben tudalen 19. Rhowch y 'slide binder' yn ie le gyda'r tudalennau yn y drefn yma – clawr blaen, 19, 20, 21 a'r clawr gefn. Pan troi'r y clawr blaen y mae'r saeth yn popio i fyny. Trowch y tudalen i weld pwy oedd yn y dechreuad.

YN Y — DUW

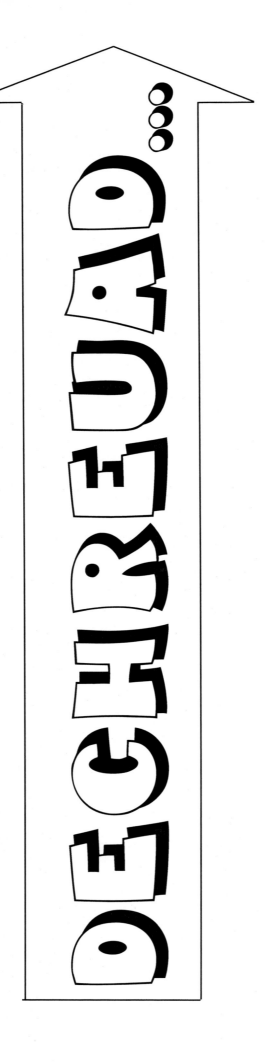

DUW

Y Greadigaeth

Ceir hyd i hanes y creu yn *Genesis 1:1 - 2:3*.

Yn y dechreuad, **pwy** oedd yn bodoli? (1:1) ....

Sut le oedd y byd? *(1:2)*

Ticiwch yn y blychau priodol

- ☐ prydferth
- ☐ aflunaidd
- ☐ llawn o ddeinosoriaid
- ☐ gwag
- ☐ tywyll
- ☐ golau

Roedd yna **6** rhan gwahanol i'r creu

1 (1:3-5) Gwahanodd Duw .... oddi wrth ....

2 (1:6-8) Gwnaeth Duw ....

3 (1:9-13) Gwnaeth Duw .... a .... Gwnaeth Duw ....

4 (1:14-19) Gwnaeth Duw .... a .... a ....

5 (1:20-23) Gwnaeth Duw .... a ....

6 (1:24-26) Gwnaeth Duw .... Gwnaeth Duw ....

7 Beth oedd yn arbennig ynglŷn â'r dydd hwn? (2:1-3).

Ticiwch yn y blwch priodol.

- ☐ Priodwyd Adda ac Efa
- ☐ Cafodd Duw barti
- ☐ Cafodd Adda ac Efa orffwys
- ☐ Cafodd Duw orffwys

Mae'r Beibl yn dweud wrthym fod Duw mor rymus doedd ond rhaid iddo siarad ac fe ddigwyddodd y peth!
Darllenwch pennod 1 adnod 3, 6, 9, 11, 14, 20, 24 a 26. Ar ba ddydd y siaradodd Duw dwywaith? Beth y mae hyn yn ei ddysgu i ni?

A greodd Duw fyd gyda llygredd a thyllau yn yr haenen ozone? 1:31)

Gwelodd Duw y cwbl a wnaeth ac yr oedd yn ....

Darllenwch pennod 1 adnod 26-30. I bwy y rhoddwyd cyfrifoldeb arbennig dros fyd Duw?

Nid yw Genesis yn gosod allan disgrifiad manwl a gwyddonol o sut y dechreuodd y byd, ond pa gwestiynau pwysig am y creu y mae'n eu hateb?

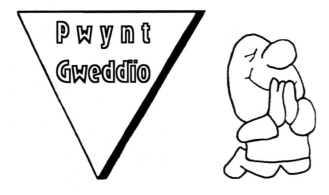

Molwch Dduw am yr oll a greodd ac am eich gwneud chwi mor arbennig. Gofynna iddo dy helpu i fod yn fwy cyfrifol wrth ofalu am y byd.

WYTHNOS 4
Gwrthryfel

Paratoad:
Darllenwch Genesis 2:8 – 3:24, gan ddefnyddio'r nodiadau Beiblaidd i'ch helpu.

Pwrpas Y Wers:
I ddysgu sut y daeth pechod i'r byd a chanlyniad y digwyddiad hwnnw.

2:10-14 Ni wyddys am gwrs yr afonydd Pison a Gihon.

2:16-17 Mae'n amhosib gwybod am natur y goeden hon a medrwn ond dyfalu pa wybodaeth yr oedd yn ei gyfrannu. Fodd bynnag, yr hyn a wneir yn eglur yw mai marwolaeth fydd canlyniad bwyta o'r ffrwyth. Cyferbynna hyn yn helaeth a'r llawnder oedd oddi fewn yr ardd.

218-25 Cafodd Adda'r dyletswydd o enwi'r anifeiliaid (Genesis 1:28). Nid oedd un ohonynt yn gymorth addas i ddyn. Mae'r ddau ddatganiad yma yn tanlinellu y gwahaniaeth rhwng Adda a'r anifeiliaid. Yr unig ymgeledd fyddai un o'r un math ag ef (sy'n wahanol i'r syniad heddiw o ddyn fel un ymysg yr anifeiliaid). Roedd Efa ar y dechrau i fod yn gymar neu bartner – nid oes cyfeiriad o gwbl am eni plant (eto, fel y gwelir yn Genesis 1:28, mae'n amlwg mai dyma oedd swyddogaeth y fenyw). 'Roeddynt yn hollol gyfforddus gyda'i gilydd – dioddefodd hyn o ganlyniad i'r *Cwymp* (cymherir Genesis 2:2 gyda Genesis 3:7).

3:1-24 Mae'r Testament Newydd yn trin y Cwymp fel gweithred ffeithiol (Rhufeiniaid 5:12), yr un mor ffeithiol a'r croeshoeliad.

3:1 Bu i Satan annog Efa i amau gair Duw – 'A yw Duw yn wir wedi dweud?'

3:2 Ychwanega Efa at air Duw – ni ddywedodd Duw nad oeddynt i **gyffwrdd** â'r goeden.

3:4 Roedd Satan yn gwadu'r ffaith y buasai torri cyfraith Duw yn arwain at farwolaeth – 'Na, ni fyddwch farw'. Ef yw Tad Celwyddau (Ioan 8:44, 1 Ioan 3:8, Datguddiad 12:9). Cawn weld yma yr athrawiaeth gyntaf iddo ei gwadu, sef barnedigaeth.

3:5 Anogodd Satan Efa i amau daioni Duw – Nid yw Duw eisiau i chi gael rhywbeth sydd yn mynd i fod yn dda i chi. Roedd y Satan yn apelio at falchder Efa, gan wneud iddi eisiau bod fel Duw.

3:6 Dilynodd Efa ei synhwyrau yn hytrach na gorchymyn ei chrewr annwyl. Tybier fod hyn wedi digwydd gan i'w darlun o Dduw cael ei newid gan anwiredd y sarff.

3:7 Dilynodd Adda Efa ac oherwydd ei annufudd-dod daeth pechod i'r byd. Y diwrnod hwnnw, gwnaeth Adda ac Efa benderfyniad – i beidio rhodio gyda Duw- ac 'roedd rhywbeth ynddynt wedi newid am byth. Roeddynt wedi pechu ac roedd hyn yn codi cywilydd arnynt na fedrent mo'i guddio. Nid oeddynt mwyach yn hollol gyfforddus gyda'i gilydd ....

3:8 ... na gyda Duw

3:12 Rhoddodd Adda y bai ar Dduw – 'y wraig a roddaist i fod gyda mi'.

3:13 Dilynodd Efa esiampl Adda wrth wrthod cymryd y cyfrifoldeb am ei phechod (Noder – Cyfeirir at Satan, y sarff a'r ddraig fel yr un person, Datguddiad 12:7; 20:2).

3:15 Cawn yma yr olwg gyntaf ar yr Efengyl. Iesu oedd epil y ddynes (Luc 3:23-37) ac er y bydd Satan yn cleisio ei sawdl, bydd ei ben yn cael ei wasgu gan Iesu.

3:16 Cafodd y farnedigaeth ar y ddynes effaith ar ei phrofiad o eni plant a'i pherthynnas â'i gŵr. 'Dyhead' mwy na thebyg yn cyfeirio at ei dyhead i ormesu (gweler Genesis 4:7 lle y defnyddir yr un gair).

3:17-19 Effeithiodd barnedigaeth ar waith Adda. Mae pechod dyn wedi effeithio ar y byd y mae yn byw ynddo. Daeth drain a chwyn yn rhan o'r greadigaeth. Y canlyniad fyddai marwolaeth gorfforol (er y pwysleisia gweddill y Beibl bod hyn yn rhagflaeniad o farwolaeth derfynnol, Rhufeiniaid 6:23, Datguddiad 20:11-14).

3:21 Darparodd Duw orchudd am eu noethni (Genesis 3:10). Ni fedrai Adda ac Efa orchuddio eu cywilydd eu hunain. Mae'n ddigon posib y cyfeiria'r adnod yma at aberthu anifail, gan nad oedd anifail eto wedi ei roi i ddyn i'w fwyta (Genesis 2:16-17; 6:21; 9:3)

3:22 Mae hyn yn dangos cariad Duw at ddyn, na ellir caniatáu iddo fyw mewn stâd o wahaniad oddi wrth Dduw. Rhaid wrth farwolaeth os yw Duw i ymdrin â phechod dyn.

3:22-24 Cafodd Adda ac Efa ei gyrru allan o'r lle y gallent gyd-gerdded gyda Duw a bod mewn cymundeb ag ef (Genesis 3:8). Canlyniad pechod ydi cael eich gwahanu oddi wrth Dduw, ond cawn yn yr Hen Destament a'r Newydd Duw yn darparu modd i ddod ato (Hebreaid 9:13-14, Effesiaid 2:18).

Naill ai trafodwch, le rheolau mewn ysgol gan ddefnyddio'r cwestiynau canlynol,

Oes rheolau yn eich ysgol? Pam y ceir rheolau? Pa reolau sydd gennych? Ydi'r rheolau yn dda neu'n ddrwg? A yw pob rheol yn dda? Pwy sy'n gwneud rheolau da? Pwy sy'n gwneud rheolau drwg? A ydych yn meddwl y buasai Duw yn gwneud rheolau da neu ddrwg?

Edrychwn yn y Beibl i weld y rheol gyntaf a wnaeth Duw. Oedd hon yn reol dda?

Neu dangoswch beth sy'n digwydd pan gaiff rhywbeth ei ddifetha' e.e. tywalltwch ddŵr ar lun, ysgrifennwch ar lun gyda marciwr parhaol, defnyddiwch siswrn i dorri twll mewn darn o ddeunydd gwlanog. Ni fedrwch ddad-wneud yr un ohonynt. Eglurwch sut y medr un weithred fechan ddifetha pethau am byth. Cawn ni edrych ar sut y gwnaeth un weithred ddifetha byd perffaith Duw.

Llun-gopïwch dudalennau 24 i 26 ar gyfer pob plentyn a'u hychwanegu tu cefn i'r llyfr gweithgaredd.

Llun-gopïwch dudalen 27 ar gerdyn a thudalen 28 ar bapur ar gyfer pob plentyn. Cyn y wers, torrwch allan y siâp o dudalen 28 gan ei dorri yn ddarnau ar wahan. Gosodwch y darnau mewn amlen ar gyfer pob plentyn. Rhaid i'r plant dorri allan siâp y neidr gan ludio darnau o'r adnod yn y drefn gywir. Gosodwch ddarn o linyn ar gynffon y neidr fel y gellir ei hongian i fyny.

GWRTHRYFEL

Mae'r stori'r Cwymp yn adroddiad cywir o sut y newidiodd dyn a dynes o fod yn bobl wrth fodd Duw i bobl a oedd yn elynion iddo.

Cawn hyd i hanes y Cwymp yn Genesis 2:8 – 3:24

Pam roddodd Duw Adda yng ngardd Eden? (2:15)

Ticiwch y blychau perthnasol

☐ i chwarae   ☐ i drin y tir
☐ i gymryd gofal ohoni   ☐ i ofalu am yr anifeiliaid

Beth ddywedodd Duw wrth Adda am **beidio'i wneud**? (2: 17)

'Ni chei .... o bren gwybodaeth da a drwg, oherwydd y dydd y bwyti ohono ef, byddi'n ....

MAN MEDDWL

Pam roddodd Duw y rheol hon i Adda?

Efa yn amau gair Duw

Darllenwch 3:1-4. Sut mae'r sarff yn dechrau cael Efa i amau gair Duw?

A ddywedodd Duw wrth Efa y buasai yn marw pe byddai'n cyffwrdd â'r goeden?   *Do/Naddo*

Beth wnaeth Efa i air Duw?   A ellir gwneud hyn?

Oedd y sarff yn gywir pan y dywedodd wrth Efa na fyddai'n marw o fwyta'r ffrwyth?   *Oedd/Nag oedd*

'Roedd y sarff yn gwneud i Efa gredu bod Duw yn ....

Efa'n amau daioni Duw

Darllenwch 3:5-10. Beth ddywed y sarff y gall Efa ei gael wrth fwyta'r ffrwyth?

....

Llwyddodd y sarff i wneud i Efa gredu bod Duw yn ceisio ei hatal rhag cael rhywbeth oedd yn dda. Gwnaeth iddi gredu nad oedd Duw yn dda. Penderfynodd gymryd iddi ei hun yr hyn nad oedd Duw wedi ei roi iddi. Gwrthryfelodd Efa yn erbyn Duw.

Wrth i Adda ac Efa bechu cawsant eu gwahanu oddi wrth Dduw. Cafodd eu perthynas ag Ef ei newid am byth.

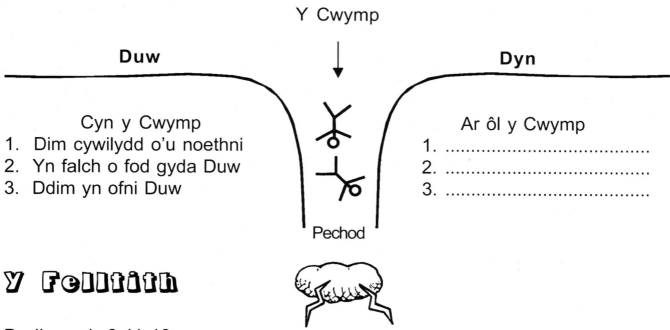

Y Cwymp

Duw — **Dyn**

Cyn y Cwymp
1. Dim cywilydd o'u noethni
2. Yn falch o fod gyda Duw
3. Ddim yn ofni Duw

Ar ôl y Cwymp
1. ....
2. ....
3. ....

Pechod

Y Felltith

Darllenwch 3:11-19
'Roedd cosb Duw yn galed iawn ar y sarff (a.14-15), y ddynes (a.16) a'r dyn (a.17-19). Canlyniad pechod yw .... (a.22). Cafodd Adda ac Efa eu gyrru allan o'r ardd lle y buasent wedi medru byw am byth.

YR ADDEWID

Yn Genesis 3:15 mae Duw yn dweud y bydd had y wraig yn ysigo pen y sarff.

Pwy yw'r sarff? ....

Pa epil y cyfeiria Duw ato? ....

Pryd ddaeth yr addewid yn wir? ....

Beth oedd canlyniadau Y Cwymp? Sut y mae'r addewid yn dad-wneud y difrod?

A yw'r Beibl yn dweud wrthym am unrhyw fodd arall o adfer ein perthynas â Duw?

Beth sydd angen i bob person ei wneud?

Gwrthryfel — Genesis 2:8 – 3:24

| Gwrthryfel | Genesis 2:8 – 3:24 |

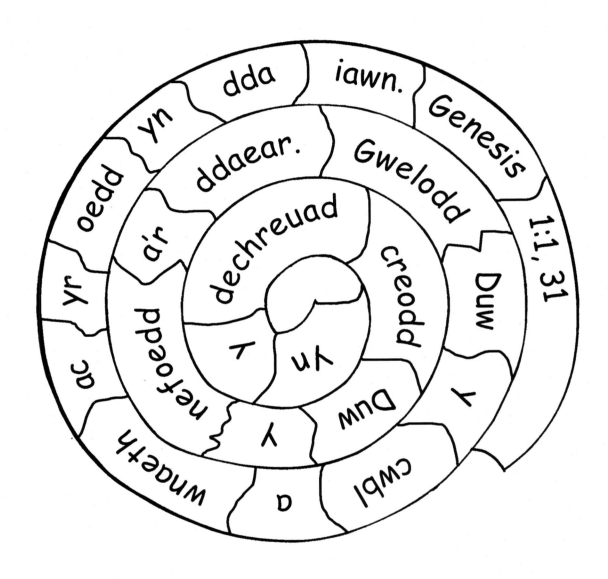

WYTHNOS 5
Llofruddiaeth

Paratoad:
Darllenwch Genesis 4 1-16, gan ddefnyddio'r nodiadau Beiblaidd i'ch helpu.

Pwrpas y Wers:
I ddysgu bod pechod yn chwalu perthynas rhwng dyn â Duw a dyn a'i gyd-ddyn.

4:3-4   Ni chawn wybod pam yr oedd offrwm Abel yn fwy derbyniol. Ffrwyth o'r tir oedd offrwm Cain, ond daeth Abel a darn o'r cyntaf-anedig ymhlith ei braidd. Roedd Abel yn rhoi o'r gorau i Dduw (Hebreaid 11:4, 1 Ioan 3:12). Wedi i Adda ac Efa bechu, gwnaeth Duw ddillad iddynt o groen anifeiliaid (Genesis 3:21, gweler nodiadau ar gyfer wythnos 4). Mae'n bosib fod hyn yn dynodi bod Duw wedi meddwl yn barod am aberthu anifeiliaid.

4:5   Nid oedd Cain yn barod i dderbyn barnedigaeth Duw, yn hytrach yr oedd yn flin.

4:6-7   Roedd ymateb Cain yn anghywir – nid oedd yn edifarhau. Mae hwn yn ddarlun o frwydr ysbrydol (gweler Genesis 3:15) Dywedwyd wrth Cain am wrthsefyll pechod, ond dewisodd beidio. Portreadir pechod fel bwystfil sydd angen ei ddofi. (Iago 1:13-15).

4:8   Roedd Cain yn eiddigeddus o Abel, felly cynlluniodd i'w ladd. Defnyddiodd esgus i fynd ag Abel allan i'r maes; twyllwr ydoedd, yr un fath a Satan yn 3:1-5.

4:9   Celwyddwr oedd Cain, yr un fath a'i dad, y diafol (Ioan 8:44).

4:13-14   Cosb Cain oedd iddo golli ei waith (Genesis 4:2), a'i wahanu oddi wrth Duw (Genesis 4:14). Mae Cain, cyntaf-anedig Adda, yn symboleiddio tynged dyn i grwydro'r byd heb Dduw ac heb obaith.

4:15   Ni wyddys beth oedd y nod. Roedd y nod yn arwydd nid yn unig o farnedigaeth Duw ond hefyd o'i amddiffyniad.

Cynllun Y Wers

Cyn y wers, sbiwch yn y geiriadur ar rai o'r geiriau sy'n anodd i'w dweud. Ysgrifennwch pob gair ar ddarn o gerdyn. Mae angen i bob plentyn ddewis darn o gerdyn gan geisio ynganu y gair. Gwnewch yn siŵr bod y plant yn gweld hyn fel hwyl yn hytrach na rhywbeth o ddifri. Gofynnwch i'r plant pa air sydd anodda i'w ddweud mewn unrhyw iaith. Y gair yw 'sori'. Gadwch inni weld be ddywed y Beibl am rywun sydd yn ei chael hi'n amhosib i ddweud 'sori'.

Ar ôl yr astudiaeth Feiblaidd adolygwch yr adnod i'w chofio drwy chwarae gêm. Cyn y wers, cymerwch dau ddarn o bapur lliwgar gan dorri y ddau ddarn yn 4 darn. Bydd angen digon o bapur er mwyn eich galluogi i gael nifer o ddarnau o un lliw ar gyfer geiriau'r adnod. Ysgrifennwch un gair o'r adnod ar bob darn o bapur, gan gynnwys y cyfeirnod. Cymysgwch y geiriau er mwyn gwneud yn siŵr nad ydynt yn y drefn gywir, gan gadw'r lliwiau ar wahan. Rhannwch y grŵp i 2 dîm a rhowch un set o'r geiriau o un lliw iddynt. Yr enillwyr yw'r rhai sy'n gosod y geiriau yn y drefn gywir gyntaf.

Gweithgaredd

Llun-gopïwch dudalennau 30 a 31 ar gyfer pob plentyn a'u gosod yng nghefn y llyfr gweithgareddau.

Llun-gopïwch dudalen 32 ar gerdyn ar gyfer pob plentyn. Cyn y wers torrwch y darn o waelod y dudalen gan ei blygu yn ei hanner ar hyd y llinellau yna torrwch allan y ffigwr o Cain. Gan ddefnyddio nodwydd a chotwm neu (dental floss), gwnewch 'slider' i Cain o X i X, gan gychwyn a gorffen yng nghefn y llun. Clymwch yr edau ar gefn y llun. Bydd angen i'r plant ludio'r ddwy ochr i Cain gan osod clip papur ar ei gefn gyda selotêp. Gosodwch Cain yn y gwlân ar y top gan ei alluogi i sefyll ar y ris uchaf. Rhestrwch y pechodau ar hyd y llethr (dicter, eiddigedd, twyll, llofruddiaeth, celwydd). Ar y gwaelod ysgrifennwch, 'gwahanu oddi wrth Dduw' Mae Cain yn llithro i lawr y llethr o un pechod i'r llall. Fodd bynnag, ar bob safle cafodd gyfle i ddweud fod yn ddrwg ganddo ac i dderbyn maddeuant, gan warantu'r hawl iddo fynd yn ôl i'r top. Defnyddiwch y gweithgaredd i drafod pa mor anodd yw dweud bod yn ddrwg gennym pan fyddwn yn pechu, ond mae Duw bob amser yn cynnig cyfle ar gyfer edifarhau ac adferiad.

 # LLOFRUDDIAETH

Mae stori Cain ac Abel yn Genesis 4:1-16. Stori drychinebus yw sy'n dangos effaith y Cwymp ar ein perthynas â Duw ac â'n gilydd.

A dderbyniodd Duw offrwm Abel neu offrwm Cain? (4:4-5)

....

Pam?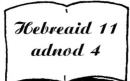

Beth oedd pechod Cain? (4:5)

Pam oedd hwn yn bechod?
'Roedd Cain yn meddwl fod Duw yn farnwr perffaith ar dda a drwg: **cywir/anghywir**

'Roedd Duw yn gwybod bod Cain yn cael ei demtio i wneud drwg.
A oedd gan Cain ddewis? (4:7)

Beth oedd Cain yn ei deimlo tuag at ei frawd pryd hynny? (4:8)
A ydych erioed wedi teimlo fel hyn?

Pan ddywedodd Cain, 'Gad inni fynd i'r maes' 'roedd yn

ei frawd

Dilynwyd hyn yn fuan gyda

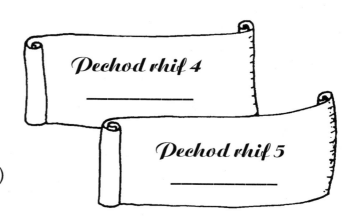

a phechod arall. (4:9)

Cosb Duw oedd rhoi melltith ar Cain

Ni fydd y ddaear eto yn dwyn .... da iddo (4:12)

Byddai yn ffoadur a .... (4:14)

A wnaeth Cain gyfaddef ei bechod a gofyn am faddeuant?   **Do / naddo**
Yn hytrach, roedd yn teimlo ....

Gweithiwch allan y côd er mwyn darganfod beth a ddigwyddod i berthynas Cain â Duw.

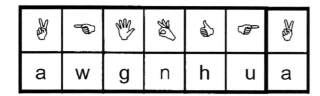

— — — — — — —
4: 16

Beth y dywed adnod 7 wrthym am bechod?

Gadewch inni weddïo y gwnaiff Duw ein helpu i wrthsefyll temtasiwn.

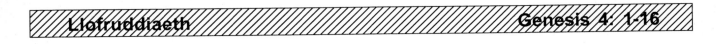

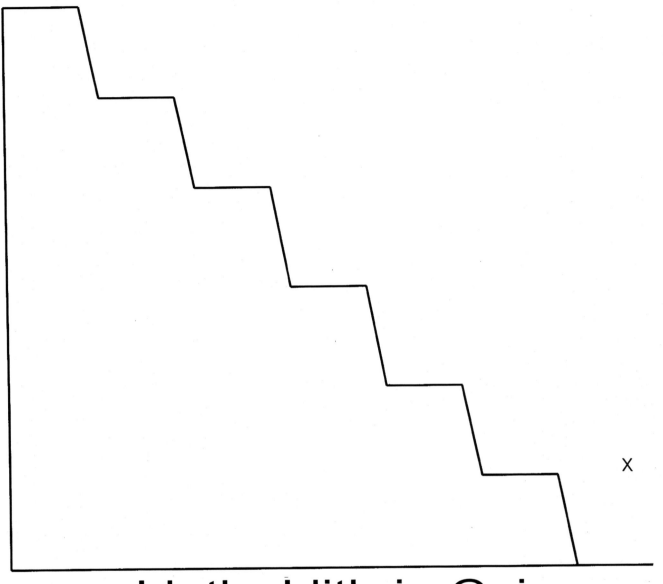

Llethr Llithrig Cain

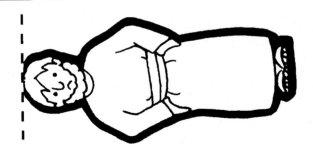

WYTHNOS 6
Barnedigaeth

Paratoad:
Darllenwch Genesis 6:1-8:22, 9:8-17, gan ddefnyddio'r nodiadau Beiblaidd i'ch helpu

Pwrpas y Wers:
I ddysgu bod Duw yn cosbi pechod, ond yn cynnig dihangfa i'r rhai sy'n ymddiried ynddo.

6:1-2 Mae hwn yn ddarn anodd ac mae'n amhosib bod yn bendant pwy oedd 'meibion y duwiau'. Mae rhai esbonwyr yn meddwl mai cyfeiriad sydd yma at frenhinoedd lleol, gan fod hen lenyddiaeth yn ardystio i frenhinoedd fod yn ddisgynyddion duwiau. Un o'r syniadau mwyaf tebygol yw i Dduw greu bodau ar dri lefel gwahanol – anifail (cnawd yn unig), pobl (cnawd ac ysbryd) ac angylion (ysbryd yn unig), ac mai'r angylion oedd 'meibion Duw'(Job 1:6) Priododd rhai o'r angylion yma fenywod dynol. Y rhain yw'r angylion y cyfeirir atynt yn 1Pedr 3:18-20 a 2 Pedr 2:4-9. Cyfeirir at y ffaith bod yr angylion yma yn ymollwng i buteindra yn Jwdas adnod 6-7. Yr awgrym yw y medr yr angylion newid eu stâd o fod yn ysbryd pur i gnawd ac ysbryd gan eu galluogi felly i gael perthynas rywiol gyda menywod.

6:4-5 Canlyniad yr uniad oedd y Neffilim (cewri - Numeri 13:32-33) a llawer o ddrygioni.

6:5-7 Pechod dyn oedd y rheswm am y dilyw. Cawn ddarlun o'r drygioni a'r llygredigaeth, cymaint – fel nad oedd Duw yn medru ei ddioddef mwyach – sydd yn groes i'r greadigaeth wreiddiol, yr hon a welai Duw oedd yn dda (Genesis 1:31).

6:9 Gweler Hebreaid 11:7. Dim ond dau ddyn y cyfeirir atynt yn yr Hen Destament sydd wedi 'rhodio' gyda Duw (Noa ac Enoch), heblaw am Adda ac Efa cyn y Cwymp.

6:13 Dywedodd Duw wrth Noa am ei gynlluniau, yr un fath ac iddo wneud i Abraham ar adeg y digwyddiad Sodom (Genesis 18:17)

6:18-21 Paratodd Duw ffordd o achubiaeth i Noa a'r rhai o dan ei ofal.

6:14-16 Ystyr arch yw cist. Exodus 2:3 yw'r unig le arall lle caiff y term ei ddefnyddio. Bocs yn arnofio ydoedd, nid long deithio, yn mesur o bosib 150 medr x 25 medr x 15 medr. Ni fedrwn fod yn sicr sut yr oedd yn edrych gan y gall y gair Hebraeg feddwl tri llawr neu dair haen o foncyff wedi eu gosod ar draws ei gilydd. Mae'n ddigon posib iddo gael ei ddal wrth ei gilydd gyda chorsen a'i baentio â bitwmen er mwyn iddo ddal dŵr.

7:2-3 Nodwch y saith pâr o anifeiliaid glân (gweler Lefiticus 11), saith pâr o adar ac un pâr o anifail nad oedd lan a aeth i'r arch, nid dau o bob un fel y tybier gan amlaf.

7:11-12 Y Dilyw. Mae yna ddadl a oedd y dilyw yn gyffredinol ynteu yn lleol (yn effeithio ar Mesopotamia yn unig). Mae'r rhai sy'n credu mai lleol oedd yn medru egluro'r penodau anodd (Genesis 6:13, 17; 7:23) gan gyfeirio at y byd fel gwyddid amdano y pryd hynny. Ystyrir yr eglurhad daearegol yn ddadleuol a heb ei brofi. O ddarllen y bennod mae'n ymddangos i'r dilyw gael effaith ar y byd a grewyd, ac cheir ymhob gwareiddiad draddodiad o ddilyw mawr. Mae hefyd yn bwysig i gofio mai safbwynt y Testament Newydd yw i'r Dilyw fod yn gyffredinol (1Pedr 3:18-22, 2 Pedr 3:5-6, Luc 17:26-27).

'Roedd y dilyw yn fwy na chawod drom – agorwyd ffenestri'r nefoedd a daeth y dyfnder i fyny. Yn ôl yr hanes yn Genesis, creodd Duw ar yr 2 ddiwrnod yr awyr, gan wahanu y dyfroedd ar y ddaear a'r rhai uwchben yr awyr. Pe bae canopi o anwedd dŵr wedi bod uwchben amgylchedd y ddaear byddai wedi sicrhau amodau tywydd unffurf ar wyneb y ddaear ac ni fyddai amrywiaeth o dywydd fel a gawn ni y dyddiau hyn. Byddai hynny yn esbonio pam fod ffosilau anifeiliaid sydd angen tymheredd cynnes wedi cael eu darganfod wrth ymyl y ddau begwn. Efallai fod Duw wedi gadael i'r canopi hwn syrthio ar y ddaear fel barnedigaeth a chanlyniad hyn oedd y llifogydd difrifol, wedi ei gyfuno efo codiad y dyfroedd o'r dyfnderoedd (? Oherwydd daeargryn a actifedd folcanig). Fodd bynnag, cafwyd dilyw, a'r peth pwysig yw mai Duw a'i achosodd.

7:12, 24   Bu'n glawio am 40 diwrnod, ac arhosodd y dyfroedd am 150 diwrnod.

7:16   Caeodd Duw y drws, a'r rhai a achubwyd oedd y rhai oedd yn barod.

7:17-18   Ni fedrai Noa symud yr Arch, Duw oedd yn ei dywys ac 'roedd yn rhaid i'r trigolion ymddiried ynddo.

9:8-17   Dyma'r cyfamod a wnaeth Duw â'r byd a'r rhai a driga ynddo, er yn Genesis 6:13-21 gyda Noa y'i gwnaed. Os ufuddhâ Noa gan adeiladu'r Arch byddai Duw yn ei arbed ef a'i deulu. Nodwch bod Duw heb gymryd y farnedigaeth oddi ar Noa ond yn hytrach ei arbed trwy ei dywys trwy farnedigaeth.

9:13   Bwa (Enfys) — mae'r gair Hebraeg am 'fwa' yn golygu rhyfel. Cawn yma ddarlun o arf yn cael ei droi yn arwydd o drugaredd a gras. Roedd yr enfys yn arwydd gweledol bod y 'rhyfel' drosodd.

Cynllun y Wers

Naill a'i disgrifiwch sefyllfa amhosib neu defnyddiwch y llun ar dudalen 35. Gofynnwch i'r plant gynllunio dihangfa i'r dyn. Parhewch nes iddynt sylweddoli na fedr ddianc ar ei liwt ei hun, ond fod angen i rywun ei arbed. Yn ein darlleniad heddiw gwelwn rhywun oedd angen cael ei achub.

Gweithgaredd

Llun-gopïwch dudalennau 36-38 ar gyfer pob plentyn gan eu hychwanegu i gefn y llyfr gweithgaredd.

Sut alla i ddod allan o hyn?

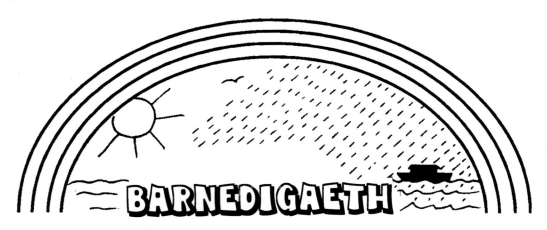

Mae'r stori hon yn Genesis 6:1 – 8:22 a 9:8-17

Darllenwch 6:5-9 Pam y trefnodd Duw y dilyw?

(*Croeswch allan y geiriau anghywir*)   'Roedd yn mynd i ddistriwio/arbed y bobl gan eu bod yn dda/ddrwg iawn.

1 Dywedodd **Duw** wrth **Noa** am adeiladu

Gwnewch lun ohoni (6:14-16)

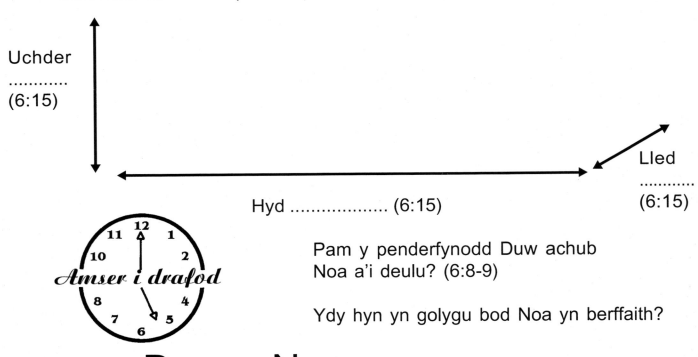

Uchder .... (6:15)

Hyd .... (6:15)

Lled .... (6:15)

Amser i drafod

Pam y penderfynodd Duw achub Noa a'i deulu? (6:8-9)

Ydy hyn yn golygu bod Noa yn berffaith?

2 Dywedodd **Duw** wrth **Noa** am fynd mewn i'r arch (7:1-3,7-9)

Faint o bobl aeth mewn i'r arch? ....
Faint o barau o anifeiliaid glân aeth i mewn i'r arch? ....
Faint o barau o anifeiliaid nad oedd yn lân aeth i fewn? ....
Faint o barau o adar aeth i fewn? ....

Gwnaeth Noa rywbeth doeth iawn pan adeiladodd yr arch. (6:22) A oedd hyn yn hawdd i Noa? Darllenwch Hebreaid 11:7

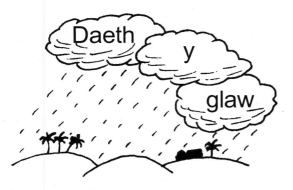

Gan ddefnyddio'r Beibl i'ch helpu, atebwch y cwestiynau canlynol gan osod yr atebion yn y grid isod. Bydd y golofn a nodir gan saeth yn cynnig arwydd y cyfamod a roddodd Duw i Noa. Mae'r rhifau yn y cromfachau yn dynodi lle i chwilio am y bennod a'r adnod.

1. Am sawl diwrnod bu'n bwrw glaw? (7:10-12)
2. Beth oedd yr ail aderyn i Noa ollwng o'r arch? (8:8)
3. Ciliodd y _ _ _ _ _ _ _ yn raddol oddi ar y ddaear? (8:3)
4. Beth anfonodd Duw i beri i ateb 3 fynd i lawr? (8:1)
5. Gollyngodd Noa yr adar o'r arch trwy beth? (8:6-12)

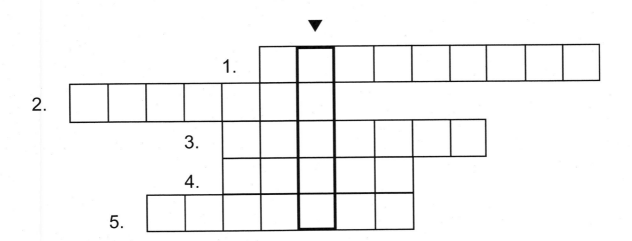

Anfonodd Duw _ _ _ _ _

Trafodwch

Bu i Dduw gosbi byd pechadurus drwy anfon y dilyw, ond trefnodd fodd o ddihangfa i Noa a'i deulu. Pa fodd o ddihangfa mae Duw yn ei gynnig i ni heddiw?

Yn y dechreuad creodd Duw y nefoedd a'r ddaear.

Gwelodd Duw y cwbl a wnaeth, ac yr oedd yn dda iawn.

Genesis 1:1,31

Adnod i'w dysgu

WYTHNOS 7
Anrhefn

Paratoad:
Darllenwch Genesis 11:1-9, gan ddefnyddio'r nodiadau Beiblaidd i'ch helpu

Pwrpas y Wers:
I ddysgu na all dyn fynd i'r nefoedd yn ei nerth ei hun

Cynllun y Wers

Cyn y wers torrwch allan erthyglau o'r papur newydd sy'n cyfeirio at broblemau yn y byd. Trafodwch un neu ddwy ohonynt gyda'r grŵp, gan edrych ar pam nad yw'r bobl yn cyd-dynnu. Dangoswch bod yr egurhad yn y Beibl.

Dewis arall yw, i weld pwy fedr wneud y twˆr uchaf gan ddefnyddio papur newydd, tâp a siswrn. Yn yr astudiaeth Feiblaidd heddiw gwelwn beth ddigwyddodd i rai o'r bobl pan wnaethon nhw geisio adeiladu twˆr i gyrraedd y nefoedd.
Adolygwch yr adnod i'w chofio wedi'r astudiaeth Feiblaidd.

Gweithgaredd

Cwblhewch y llyfrau gweithgaredd. Llun-gopïwch dudalennau 40 a 41 ar gyfer pob plentyn gan eu gosod yng nghefn y llyfrau. Balchder yw'r gair saith llythyren ar dudalen 40 sy'n disgrifio y bobl. Os nad yw'r gorchudd wedi ei gwblhau dilynwch y cyfarwyddiadau ar gyfer wythnos 3 ar dudalen 16. Cânt fynd a'r llyfrau gweithgaredd adref.

11:1   Mae'n sôn am adeg ychydig wedi'r dilyw – gweler Genesis 10:32.

11:2   Sinar = Babylonia. Roedd pobl yn crwydro ymhellach oddi wrth Eden (3:24; 4:16)

11:3   Gwyddys iddynt, o ddyddiau cynnar iawn, ddefnyddio clai wedi ei losgi i wneud brics a bitwmen fel mortar.

11:4   Mae'n debygol mai 'ziggurat' oedd y twˆr. Roedd hwn yn dwˆr gyda nifer o loriau gyda theml ar y top. Roedd pob llawr yn llai na'r un odditano a chyrheiddid hwy gyda grisiau oddi allan. Defnyddiwyd y deml i addoli duwiau ffug/gau.

Gweler *The Illustrated Bible Dictionary*, Rhan 1, tud 154-157. (IVP 1988)

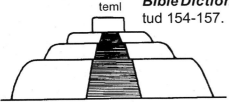
teml

11:4   Balchder oedd y pechod a arddangoswyd ganddynt 'gadewch inni wneud enw'. 'Roedd y bobl yn meddwl y buasent yn gallu adeiladu twˆr a fuasai'r cyrraedd Duw ac felly y buasent yn medru gwneud ei ffordd eu hunain i'r nefoedd.

11:7-9   Cosb y bobl oedd anrhefn iaith (fel na allent ddeall eu gilydd) a chael eu gwasgaru. Y canlyniad oedd toriad yn y berthynas rhwng dyn â Duw a rhwng cenhedloedd.

11:9   Yn yr iaith Hebraeg mae Babel yn swnio fel 'anrhefn'. 'Roedd y bobl wedi gobeithio atal y gwasgaru drwy adeiladu'r twˆr (Genesis 11:4).

Anhrefn

Cawn hyd i'r stori yn
Genesis 11:1-9

Gadawodd teulu Noa yr Arch ar Fynydd A.................... (Genesis 8:4) gan setlo yn S.................... (a.2) a elwir hefyd yn Babylonia.

'Doedd dim llawer o gerrig ym Mabylonia, felly beth a ddefnyddiwyd ar gyfer adeiladu?

☐ Mwd   ☐ Bricsen

☐ Tywod   ☐ Pren

(Mae cloddio archaeolegol yn cadarnhau hyn)

Pa beth y penderfynwyd ei adeiladu? Tynnwch lun ohono.

Sut mae adeiladu dinas a thŵr yn dangos anufudd-dod y bobl? (Edrychwch hefyd ar Genesis 9:1)

Pa air 7 llythyren sy'n disgrifio'r bobl yma?

Amser i drafod

Pam oedd Duw eisiau atal eu cynlluniau? (a.6-7)

Sut yr oedd cymysgu eu ieithoedd yn mynd i sicrhau hyn?

Yn lle cyd-uno a dod yn fawr, beth ddigwyddod i'r bobl? (a 8-9)

'Roedd y berthynas rhwng gwahanol grwpiau o bobl wedi ei thorri.

Sut mae hyn y parhau heddiw?

Mae gwraidd y gair Saesneg 'babble' yn dod o Dŵr Babel.

Mae Duw yn gwrthwynebu balchder ond yn rhoi gras i'r ....

Iago 4:6

Sut ydym yn tueddu i fod yn falch?

Gofynnwn i Dduw ein helpu.

Dechrau o'r Newydd

Wythnos 8	MEDDYGINIAETH I BECHOD	*Ioan 1:29-51*
	I ddysgu mai Iesu yw'r unig un sy'n cynnig meddyginiaeth i bechod.	
Wythnos 9	GENI O'R NEWYDD	*Ioan 3:1-21*
	I ddeall beth yw i gael eich geni o'r newydd ac mai dyma'r unig ffordd i'r nefoedd.	
Wythnos 10	FFORDD O FYW NEWYDD	*Ioan 4:1-42*
	I ddysgu mai Iesu yw'r unig un a all ein digoni.	
Wythnos 11	GWELD PETHAU'N WAHANOL	*Ioan 9:1-41*
	I weld mai Iesu yw'r unig un a all agor ein llygaid i'r gwirionedd ysbrydol.	
Wythnos 12	GORCHFYGU MARWOLAETH	*Ioan 11:1-44*
	I ddysgu mai Iesu yw'r unig un a all orchfygu marwolaeth.	
Wythnos 13	DWEUD Y GWIR	
	I sicrhau bod y plant yn gwybod yr efengyl ac i'w hannog i rannu'r efengyl gyda'u ffrindiau.	

Amcan y Gyfres

1. I sicrhau bod pob plentyn yn deall beth mae'n ei olygu i fod yn Gristion.

2. I edrych ar sut y mae bod yn Gristion yn effeithio ar eich bywyd dyddiol.

Mae'r gyfres yn edrych ar bum pennod o'r Efengyl yn ôl Ioan sy'n delio gyda dod i'r ffydd a'r bywyd Cristnogol. Yn y wers gyntaf dangosir yn glir mai Iesu yw'r unig un a all ddelio gyda phechod yn effeithiol, a dysg yr ail wers beth mae'n ei olygu i gael eich ail-eni. Mae'r dair wers olaf yn edrych ar fywyd newydd y Cristion, gan ddysgu sut mae Iesu yn bodloni ein syched ysbrydol, agor ein llygaid i wirionedd ysbrydol ac yn dwyn i ffwrdd y gofid pennaf (sef marwolaeth). Mae'r chweched wers, ar olaf yn y gyfres yn ymchwilio i'n ffordd o gyfathrebu yr efengyl am Iesu Grist i eraill. Yn ystod y chwe wythnos cawn gyfle i sicrhau bod y plant yn deall beth yw bod yn Gristion ac i weld sut y gall hynny newid eu bywydau.

Mae'n bwysig i edrych trwy'r gwersi wythnos cyn y wers, gan bod angen paratoi rhai o'r gweithgareddau rhagarweiniol o flaen llaw.

Adnod i'w Dysgu

Y mae pechod yn talu cyflog, sef marwolaeth; ond rhoi yn rhad y mae Duw, rhoi bywyd tragwyddol yng Nghrist Iesu ein Harglwydd.
Rhufeiniaid 6:23

WYTHNOS 8
Meddyginiaeth i Bechod

Paratoad:
Darllenwch Ioan 1:29-52, gan ddefnyddio'r nodiadau Beiblaidd i'ch helpu.

Pwrpas y wers:
I ddysgu mai Iesu yw'r unig un sy'n cynnig meddyginiaeth i bechod.

1:29 'Oen Duw' – syniad rhyfedd i'r plant ei amgyffred os nad ydynt yn gyfarwydd a'r sustem o aberthu sydd yn yr Hen Destament.

Mae **Lefiticus 1:1-13** yn disgrifio y poethoffrwm (naill ai tarw neu hwrdd) a aberthwyd i wneud 'Iawn'. Y pwyntiau sydd angen eu pwysleisio yw bod yn rhaid i'r offrwm fod yn anifail gwryw di-nam (a.10), 'roedd yn rhaid lladd yr anifail gan adael iddo waedu, (a.11) a bod ei farwolaeth er mwyn yr un a'i hoffrymodd. (a.4). Wrth osod ei law ar ben yr anifail yr oedd yr un a'i rhoddai fel offrwm yn uniaethu ei hun â'r anifail a oedd yn cael ei aberthu.

Mae **Eseia 53:4-12** yn rhan o gân y pedwerydd gwas (Eseia 52:13-53:12), ac yn cael ei gydnabod gan yr Iddewon fel cyfeiriad at y Meseia, yr un a ddewiswyd gan Dduw. Y pwyntiau i'w nodi yw ein pechod (a.4-6), marwolaeth Crist ar ein rhan (a.7-9) a dyma ffordd **Duw** o ddelio gyda'r broblem o bechod (a.10-12)

Mae **Hebreaid 9:11-14** yn pwyntio allan pa mor annigonol oedd sustem yr Hen Destament o aberthu gan ei fod yn delio gyda'r allanol yn unig (a.13) ac angen cael ei ymarfer yn reolaidd.

Mae **Hebreaid 9:22** yn nodi nad oes maddeuant oni thywelltir gwaed.

Mae'r digwyddiadau yn Ioan 1:29 –51 yn cymryd lle dros tri niwrnod (Ioan 1:29,35,43)

1:30 Ail-adrodd a.15 ac yn debyg i a.27. Mae'n nodi rhagoriaeth Iesu dros Ioan ac yn cyfeirio at fodolaeth blaenorol Iesu (gweler 8:58; 1:1-2).

1:32 Cf. Mathew 3:16-17, Marc 1:9-11.

1:33 Mae Ioan yn cyferbynu bedydd trwy ddŵr a bedydd trwy yr Ysbryd Glân i ddangos y gwahaniaeth rhwng ei genhadaeth ef a chenhadaeth Iesu.

1:37 'Canlyn' yn cael ei ddefnyddio yn y ffordd arferol o ddilyn, nid o ddod yn ddisgybl.

1:38 Wrth ofyn i Iesu lle yr oedd yn aros mae'r ddau yn mynegi eu bod o ddifri ynglŷn â gwybod am ei ddysgeidiaeth.

1:51 Gweler Genesis 28:10-17. Mae Iesu yn cymhwyso y darlun hwn ohono'i hun o dan y teitl Mab Duw (Daniel 7:13-14), Dim ond Iesu a all agor y ffordd o'r ddaear i'r nefoedd.

Noder y termau mae'r disgyblion yn eu defnyddio ar gyfer Iesu – Rabbi (a.38) Meseia (a.41), yr un mae Moses a'r proffwydi yn ysgrifennu amdano (a. 45) Mab Duw a Brenin Israel (a.49).

Cynllun y Wers

Dechreuwch drwy chwarae cwis er mwyn adolygu y gyfres flaenorol. Rhannwch y plant yn ddau dîm. Yr enillwyr yw'r rhai sy'n gosod pob cangen ar y goeden balmwydd (gweler y darlun).

Anghenion

Mae angen i'r ddau dîm gael boncyff wedi ei osod ar ddarn o fwrdd ac 8 set o ganghennau wedi eu lliwio ar y blaen, 6 gwyrdd a 2 las. Mae'r canghennau wedi eu rhifo o 1-8 ar y cefn ac wedi eu gosod ar y bwrdd gyda'r rhifau yn dangos. Mae'r lliwiau glas yn dynodi elfen o lwc, rhag ofn i aelod o'r tim ateb cwestiwn yn anghywir a rhoi ei dîm mewn sefyllfa i golli. Paratowch 16 cwestiwn gan ganolbwyntio ar y prif bwyntiau yn y gyfres flaenorol.

Rheolau
Mae cwestiwn yn cael ei roi i bob aelod yn ei dro, ac os etyb yn gywir, caiff un aelod o'r tim ddewis cangen drwy alw allan ei rhif. Trowch y gangen drosodd ac os yw yn wyrdd gosodwch hi ar y goeden. Os yw yn las mae angen ei rhoi wrth droed y goeden. Os derbynnir ateb anghywir caiff y cwestiwn ei gynnig i'r tîm arall.

Gweithgaredd

Dros y pum wythnos nesaf bydd y plant yn gwneud eu llyfrau gweithgaredd. Mae angen cadw rhain yn y dosbarth tan ddiwedd y gyfres pryd y caiff y plant fynd a hwy adref. Medrwch gadw'r tudalennau mewn ffolder ac os bydd amser yn caniatáu, gallwch wneud y cloriau ar ddiwedd y gyfres. Bydd angen llun-gopïo tudalen 45 ar ddarn o gerdyn trwchus lliw, taflen maint A4 o gerdyn trwchus yr un lliw ar gyfer y clawr cefn, *slide binder* a thudalennau 46 a 48 wedi eu llun-gopïo ar bapur.

I wneud y clawr torrwch y strip o flodau o dudalen 46 a phlygwch y blodau i lawr y tu ôl i'r strip fel y bônt wedi'u cuddio. Staplwch y strip ar y clawr ffrynt ar yr ochrau yn unig (gweler y darlun). Ar ddechrau'r wers yn wythnosol codwch y blodyn nesaf i fyny gan ei liwio. Mae'r darlun yn dangos y clawr ffrynt ar y drydedd wythnos o'r gyfres.

Caniatewch 10 munud ar gyfer y cwis.
Atgoffwch y plant ein bod oll yn bechaduriaid. Dangoswch ddarn o ddeunydd iddynt gyda staen gwin coch. Dim ond un ffordd sydd yna o gael gwared o'r staen. Defnyddiwch symudydd staen gwin coch i gael gwared ohono. Mae Duw wedi cynnig yr unig ffordd inni gael gwared o'n pechod. Defnyddiwch y tudalennau gweithgaredd i helpu gyda dysgu neges y bennod. Dysgwch yr adnod i'w chofio.

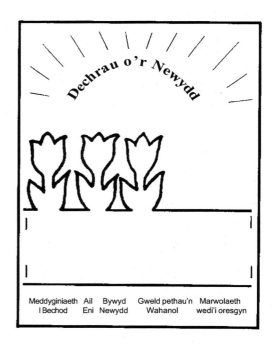

| Meddyginiaeth | Ail | Bywyd | Gweld pethau'n | Marwolaeth |
| I Bechod | Eni | Newydd | Wahanol | wedi'i oresgyn |

Blodau i'r clawr blaen

Dechrau o'r Newydd

MEDDYGINIAETH I BECHOD

Daw ein testun o Ioan 1:29-51

Pwy yw Oen Duw? (a.29) ....

Beth oedd Oen Duw yn mynd i wneud? 9a.29) ....

Pam y bu i Ioan alw Iesu'n hyn, a sut y medr Iesu ddwyn i ffwrdd bechodau pawb? ....

Mae'n anodd inni ddeall hyn, ond nid felly yr Iddewon. 'Roeddynt wedi arfer gyda'r syniad y buasai aberthu anifeiliaid, rywsut, yn fodd iddynt dderbyn maddeuant am eu pechodau.

Gadewch inni edrych yn ôl ar yr Hen destament

Darllenwch Lefiticus 1:1-13

a.3 'Roedd hwn yn .... offrwm

a.4 Mae'r offrwm yn gwneud .... dros bechod.
(sy'n golygu i gorchuddio)

a.10 Rhaid iddo fod yn .... , di - ....

a.11 Rhaid ei ....

a.13 Bydd yr offrwm yn arogl .... i'r Arglwydd.

Nawr, edrychwch ar Eseia 53. Mae'r bennod, a gafodd ei hysgrifennu dros 700 mlynedd cyn i Iesu cael ei eni, yn dweud am ddyfodiad y Meseia, yr etholedig Un.

Trafodwch

Sut y disgrifiodd Eseia y Meseia yn adnod 7? Darllenwch adnodau 10 a 12 i weld beth a wna y Meseia.

MAN MEDDWL

Sut mae Iesu yr un fath a'r oen aberthol? Pam na fyddai Ioan Fedyddiwr (neu unrhyw ddyn da arall) wedi medru cyflawni proffwydoliaeth Eseia?

Pwy oedd disgyblion Ioan yn meddwl oedd Iesu pan welsant ef am y tro cyntaf?

Ticiwch y blychau priodol

- ☐ oen
- ☐ poethoffrwm
- ☐ proffwyd
- ☐ dyn da
- ☐ rabbi (athro)
- ☐ y Meseia

Wedi gwrando ar Ioan a threulio peth amser yng nghwmni Iesu, pwy ddeallon nhw oedd e? (adnodau 41, 45 a 49).

Pwynt Gweddïo

Iesu yw'r **UNIG UN** a all ddwyn ymaith ein pechodau. A ydych wedi diolch i Dduw am hyn a gofyn iddo am faddeuant am eich pechodau **CHI**? Os nad ydych, gwnewch hynny nawr.

WYTHNOS 9
Geni o'r Newydd

Paratoad:
Darllenwch Ioan 3:1-21, gan ddefnyddio'r nodiadau Beiblaidd i'ch helpu

Pwrpas y Wers:
I ddeall beth yw i gael eich geni o'r newydd ac mai dyma'r unig ffordd i'r nefoedd.

3:1   Pharisead oedd Nicodemus, aelod o'r Sanhedrin (Cyngor yr Iddewon) ac athro cydnabyddedig o'r Ysgrythyrau (a.10). Cyfeirnod pellach yn 7:45-52; 19:38-42.

3:2   'Athro oddi wrth Dduw' – ni chyfeiria hyn at y ffaith fod Iesu wedi dod i lawr o'r nefoedd ond iddo gael perthynas arbennig gyda Duw. Onibai fod Duw gyda Iesu ni fuasai wedi medru cyflawni yr arwyddion gwyrthiol (2:23). Daeth Nicodemus liw nos – oedd hyn fel na chai ei weld? Mae'r defnydd o 'nos' yn Efengyl Ioan yn symboleiddio tywyllwch moesol ac ysbrydol. Er mai Pharisead oedd Nicodemus (ac felly buasai wedi gwneud ei orau i gadw at y gyfraith) 'roedd yn ddall yn ysbrydol.

3:3   Iesu oedd yr un a wyddai 'beth oedd mewn dyn' (2: 25) felly aeth yn syth i wraidd problem Nicodemus. Roedd Nicodemus wedi gofyn i Iesu pwy ydoedd (a2) er mwyn astudio ateb Iesu a phenderfynu ar y gwirionedd. Wrth ateb mewn modd pendant roedd Iesu yn cwestiynu gallu Nicodemus i wneud hyn.

'Teyrnas Dduw' – 'roedd y syniad yma yn delio gyda'r amser y buasai Duw yn dod yn ei farnedigaeth ar derfyn yr oes (Eseia 9:1-7), Sechareia 9:9-10). Dylai Nicodemus, a oedd yn athro o Israel, fod wedi deall hyn. Roedd Iesu yn dod a'r syniad o'r deyrnas i'r presennol ('na all weld') yn hytrach na gwirionedd yn y dyfodol.

Mae'r term 'o'r newydd' hefyd yn golygu 'oddi uchod'.

3:4   Wrth gymryd y peth yn llythrennol roedd Nicodemus yn arddangos ei anghrediniaeth.

3:5   Noder y newid o 'gweld' i 'fynd i mewn'.

'ei eni o ddŵr a'r Ysbryd'- mae'r esbonwyr yn cynnig gwahanol farn ar yr adnod hon, rhai yn rhannu y ddau derm trwy ddweud bod dŵr yn cyfeirio at enedigaeth naturiol ac Ysbryd at enedigaeth ysbrydol; tra mae eraill yn cymryd dŵr i olygu bedydd yn gyffredinol, tra mae eraill yn dweud ei fod yn cyfeirio at fedydd edifeirwch Ioan.
Medrwn gasglu o ymadrodd Iesu (a.10) ei fod yn derbyn Nicodemus, fel un a oedd wedi ei drwytho yn ysgrythyrau yr Hen Destament, yn deall y syniad o ddŵr ac Ysbryd. Yn yr Hen Destament, mae dŵr yn cael ei ddefnyddio yn ffigurol i ddisgrifio glanhâd o bechod (Salm 51:7-9), ac mae'r tywalltiad o Ysbryd Duw yn cael ei weld fel y ffordd angenrheidiol i drawsnewid y galon fewnol i alluogi dyn i fedru byw mewn perthynas dda â Duw. (Salm 51:9-12), Joel 2:28-32). Daw'r ddau syniad yma at ei gilydd yn Eseciel 36:24-28. Cyfeiria'r proffwydi y syniad yma at genedl Israel, tra mae Iesu yn ei gyfeirio at yr unigolyn.

3:6   'Cnawd' – yn cyfeirio at natur ddynol, nid natur bechadurus (Rhufeiniaid 7:17)

3:8   Nid yw gwynt yn cael ei reoli na'i ddeall gan ddyn (cafodd hyn ei ysgrifennu cyn i dechnoleg newydd roi gwybodaeth inni), er y medrwn weld ei effaith. Yn yr un modd, ni fedrwn reoli a deall yr Ysbryd Glân, ond medrwn weld ei effaith. Mewn geiriau eraill, ni all y person a anwyd o gnawd ddeall yr un a anwyd o'r Ysbryd.

3:9   Sut y gall hyn fod'? cyfeithiad gwell fuasai 'sut y medr hyn ddigwydd'?

3:11 Cf.a.2 Daeth Nicodemus gan ddweud 'gwyddom...' ymatebodd Iesu yn yr un modd. Nid yw hyn yn gyfeiriad at y Drindod.

3:12	'pethau'r ddaear' – yn cyfeirio at y geni o'r newydd – mae'n cymryd lle ar y ddaear, nid yn y nefoedd ar derfyn yr oes. Os na fedrai Nicodemus dderbyn yr angen am ail-eni (y drws i fywyd Cristnogol) yna nid oedd pwynt i Iesu ei ddysgu am fywyd fel aelod o derynas Dduw.
3:13	'Roedd Iesu yn medru siarad am bethau'r nef gydag awdurdod gan ei fod yn dod o'r nefoedd. Mab Duw – gweler Daniel 7:13-14 (yn cyfeirio am y Meseia)
3:14	Gweler Numeri 21:4-9. Defnyddiodd Duw y sarff bres er mwyn cynnig bywyd ffisegol newydd i'w bobl. Bydd Duw yn defnyddio modd tebyg i gynnig bywyd ysbrydol newydd (Ioan 3:15). Mae 'dyrchafu' yn bwysig; yn Efengyl Ioan golyga 'i'w godi ar y groes' (8:28; 12:32-33) a'i gyfuno gyda dyrchafiad (gweler hefyd Eseia 52:13 – 53:12).
3:16	Roedd cenhadaeth Iesu yn ganlyniad cariad Duw tuag at fyd oedd yn trengi.
3:17	Mae'n cyfeirio at y byd.
3:18	Cyfeiria at yr unigolyn. Er nad yw barnedigaeth yn digwydd tan Ail Ddyfodiad Iesu, mae'r un nad yw'n credu yn Iesu yn barod wedi ei gondemnio.
3:19-21	Mae unigolion yn dwyn condemniad arnynt eu hunain – nid yw bobl eisiau troi at Iesu gan nad ydynt am roi fyny ei ffyrdd drygionus.

Cynllun y Wers

Naill ai, gwasgarwch ddarnau o jig-sô o amgylch yr ystafell gan wneud yn siŵr bod un darn ar goll. Rhannwch y plant i ddau dîm er mwyn casglu y darnau a chwblhau y llun. Gadewch ychydig o amser er mwyn i'r plant sylweddoli bod yna un darn ar goll, yna gwnewch y pwynt bod y person yn y bennod yn gwybod bod rhywbeth ar goll yn ei fywyd.

Neu, paratowch raffau gyda chwlwm ynddynt, rhai yn hawdd ac eraill yn anodd. Gofynnwch am wirfoddolwyr i geisio eu datod. Eglurwch iddynt bod angen gwybod sut y cafodd y rhaffau eu clymu i wybod sut i'w datod. 'Roedd y person yn y bennod heddiw wedi byw bywyd da iawn ond 'roedd un cwlwm na fedrai ddatod ar ei ben ei hun.

Defnyddiwch y tudalennau gweithgaredd i'ch helpu i ddysgu'r wers. Dysgwch yr adnod.

Gweithgaredd

Llun-gopïwch dudalennau 51 i 53 ar gyfer pob plentyn gan eu hychwanegu i gefn eu llyfrau gweithgaredd. Cofiwch godi blodyn arall ar y clawr blaen.

Dechrau o'r Newydd
GENI O'R NEWYDD

Daw y testun o Ioan 3:1-21.

'Roedd Nicodemus yn ……………………………… ac yn aelod o Gyngor yr Iddewon, a elwir hefyd yn Sanhedrin (a.1)

'Roedd Pharisead yn rhywun oedd yn ceisio ei orau glas i gadw at y gyfraith Iddewig. Yn nydd Iesu, y Phariseaid oedd y grŵp mwyaf yn y Sanhedrin.

Mae'n bosib i Iesu deimlo yn eithriadol o falch o dderbyn ymweliad gan ddyn mor bwysig â Nicodemus. Galwodd Iesu yn 'Rabbi', ac roedd i weld yn deall fod Iesu o Dduw (a.2).

Darllenwch adnodau 2-8. Mae'n ymddangos nad oedd gan ateb Iesu ddim byd i wneud gyda'r cwestiwn yn adnod 2. Pam y gwnaeth Iesu ateb fel hyn?

Beth yw'r unig ffordd o ddod yn rhan o deyrnas Duw?

 **Amser i drafod**

Dywedodd Iesu bod geni o'r newydd yn golygu cael eich geni o ddŵr a'r Ysbryd (a.5) Darllenwch Eseciel 36:24-28 i'ch helpu i ddeall beth a olygai Iesu.

Mae Iesu yn defnyddio y stori am y sarff bres (Numeri 21:4-9) i egluro sut yr oedd yn mynd i dderbyn bywyd tragwyddol ar gyfer pawb oedd yn credu ynddo (a.14-16).
A fedrwch chi gofio storïau eraill o'r Hen Destament sy'n cyfeirio tuag at aberth Iesu dros bechod?

 **Trafodwch**

Darllenwch adnodau 18-20.
Sut y mae angen inni ymateb i waith Duw er mwyn ein geni o'r newydd? Beth a ddigwydd os na wnawn?

Pam nad yw rhai pobl am gael y geni newydd hwn?

Pam y byddai Nicodemus wedi meddwl Y buasai ei enedigaeth ffisegol wedi rhoi lle iddo yn nheulu Duw?

A yw plant (neu oedolion) o deuluoedd Cristnogol yn dod yn rhan o deulu Duw yn awtomatig, neu a oes angen iddynt hwy hefyd cael eu geni o'r newydd?

Datrys y côd i'r adnod yma o'r Beibl i ddarganfod ffaith ryfeddol!

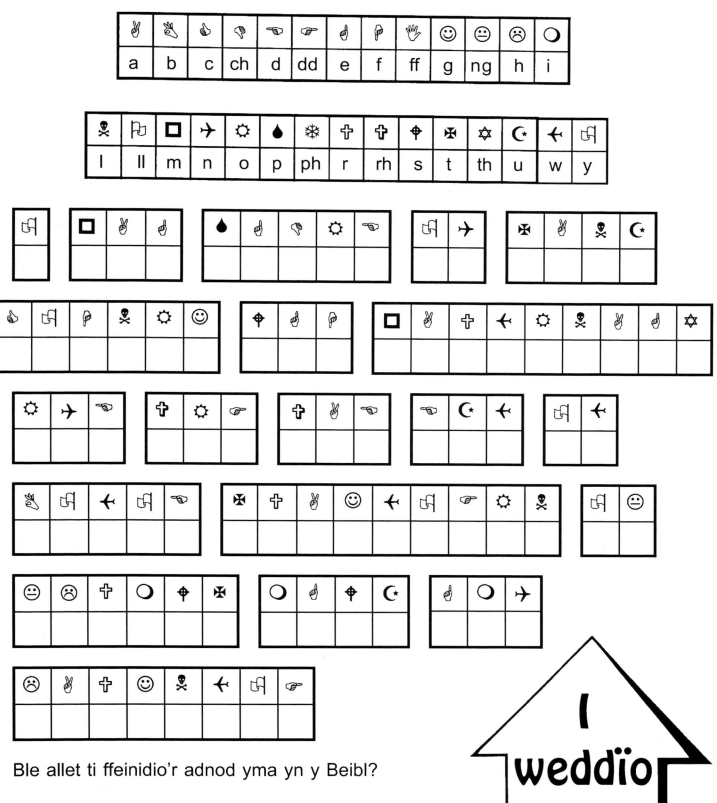

Ble allet ti ffeinidio'r adnod yma yn y Beibl?

Wyt ti wedi penderfynu drosot dy hun dy fod am ddilyn Iesu – i gredu iddo farw i faddau dy bechodau di? Diolcha i Dduw am ei rodd rhad o fywyd newydd. Canmol ef am fod Iesu wedi gwneud y gwaith i gyd – does ond angen i ni gredu ynddo.

WYTHNOS 10
Ffordd Newydd o Fyw

Paratoad:
Darllenwch Ioan 4:1-42, gan ddefnyddio'r nodiadau Beiblaidd i'ch helpu.

Pwrpas y Wers:
I ddysgu mai Iesu yw'r unig un a all ein digoni.

4:4 Rhaid oedd teithio trwy Samaria er mwyn mynd i Galilea o Jwdea. Yr unig ffordd arall oedd croesi'r Iorddonen a theithio ar hyd y lan ddwyreiniol (gweler y map ar dudalen 58.)

Y Samariaid – Cipiwyd Samaria gan Asyria yn 722-721 CC (2 Brenhinoedd 17:3-6) gan ddwyn ei phobl i alltudiaeth.
Cymerwyd y tir gan bobl o wledydd eraill (2 Brenhinoedd 17:24-41) a oedd yn addoli eu duwiau eu hunain ynghyd â Yahweh. Pan ddychwelodd yr Iddewon o alltudiaeth roeddynt yn casáu y Samariaid gan wneud dim byd â hwy. Yn oes Iesu, roedd teml y Samariaid ar Fynydd Gerisim wedi ei distrywio, ond parheid i addoli Duw yno. Roedd crefydd y Samariaid wedi ei seilio ar y Pentateuch (y pum llyfr cyntaf o'r Beibl) yn unig, a dim gweddill yr Hen Destament.

4:6 Hanner dydd = Y chweched awr.

4:9 'Roedd nifer o'r Iddewon yn gwrthod bwyta gyda'r Samariaid gan eu bod yn ofni halogiad defodol. 'Roedd dynes hefyd yn cael ei thrin yn amheus, yn enwedig ar adeg ei misglwyf, gan, yn ôl y ddefod ystyrir hi i fod yn aflan (Lefiticus 15:19).

4:10 Medr 'rhodd Duw' gyfeirio at fywyd tragwyddol, neu gyfeirio at farn yr Iddew mai rhodd uchaf Duw oedd y Torah.

'Dŵr Bywiol'- Yn Jeremeia 2:13 cyfeirir at Dduw fel ffynnon y dyfroedd byw ac mae'r tywalltiad o ysbryd Duw i'w uniaethu â thywalltiad y dŵr yn Eseia 44:3-4. Mae Iesu yn uniaethu y dŵr bywiol gyda'r Ysbryd Glân yn Ioan 7:37-39. Tir sych oedd yn Israel, felly mae'n bosib y medr dŵr bywiol olygu cyflenwad parhaol o ddŵr, ac yn sicr dyma oedd dealltwriaeth y ddynes (a.11-12).

4:12 Bu raid i Jacob gloddio pydew dwfn. Os oedd Iesu yn addo dŵr heb gloddio amdano, roedd ynteu yn fwy o ddyn na Jacob neu yn dwyllwr!

4:13-14 Cyferbynodd Iesu rhwng y disychedu o syched corfforol â dŵr a disychedu y syched ysbrydol gyda'r rhodd o'r Ysbryd. Bodlonir dyhead naturiol dyn am Dduw trwy yr Ysbryd Glân yn unig. (Eseciel 36:24-28, Eseia 55:1-3).

4:16 Trwy ddelio gyda gwraidd y broblem llwyddai Iesu i gael y ddynes i weld beth oedd ei phrif angen, sef yr ysbrydol yn hytrach na'r corfforol.

4:20 Mae rhai esbonwyr yn dweud bod y ddynes wedi codi'r pwynt diwinyddol er mwyn tynnu sylw i ffwrdd oddi wrth ei phechod. Dywed eraill, o weld mai proffwyd oedd Iesu, ei bod yn gofyn am eglurhad am yr anghydfod rhwng yr Iddewon a'r Samariaid.

4:21-24 1. Roedd Iesu yn pwyntio allan fod amser yn dod pryd na fyddai lle penodol ar gyfer addoli Duw. (Ioan 4:21).

2. Daeth achubiaeth oddi wrth yr Iddewon. 'Roedd Duw wedi datguddio ei hun i'r Iddewon a chyda hwy yr oedd ganddo berthynas o gyfamod. Nid oedd y Samariaid yn rhan o hyn. **Nid** yw yn golygu y bydd pob Iddew yn cael achubiaeth (a.22).

3. Mae gwir addoliad o Dduw yn cael ei wneud mewn ysbryd a gwirionedd (a23-24). 'y mae amser yn dod' – yn cyfeirio at yr amser sy'n arwin at farwolaeth ac atgyfodiad Iesu. 'y mae'r amser wedi dod' – adeg o wir addoliad ym mhresenoldeb Iesu. Dim ond yn a thrwy Iesu y gellir ymarfer gwir addoliad – ef yw'r gwir oleuni (2:19-22) yr atgyfodiad a'r bywyd (11:25). Gweler hefyd Hebreaid 9:11-15.

4:35-38	Er bod yna eto bedwar mis cyn casglu'r cynhaeaf, roedd Iesu yn dweud bod cynhaeaf yr achubiaeth wedi ei ddechrau yn barod.
4:36	'ffrwyth i fywyd tragwyddol' = y credinwyr newydd.
4:37-38	Rhaid wrth yr heuwr a'r cynaeafwr. Yn Amos 9:13 gwelir bod yr heuwr, aradwr a'r cynaeafwr yn gweithio ar yr un adeg. (Mae'r dyddiau olaf yn y Beibl yn cyfeirio at ddyfodiad cyntaf ac ail-ddyfodiad Crist.

Cynllun y Wers

Naill ai llun-gopïwch dudalen 56 ar gyfer pob pentyn neu ail gynhyrchwch y posau ar y bwrdd gwyn. Gwnewch y posau fel gweithgaredd ar gyfer y dosbarth i gyd. Sicrhewch fod y plant yn deall ystyr 'boddhad' cyn gofyn iddynt beth fuasai angen arnynt i fod yn hollol fodlon. Rhestrwch eu hatebion ar y bwrdd gwyn. Yn yr astudiaeth Feiblaidd heddiw cawn ddeall pa ffordd y medrwn fod yn hollol fodlon.

Defnyddiwch y tudalennau gweithgaredd i'ch helpu i ddysgu'r bennod. Adolygwch yr adnod i'w chopïo.

Cymorth Gweledol

Chwyddwch y map ar dudalen 57.

Gweithgaredd

Llun-gopïwch dudalennau 58 a 59 ar gyfer pob plentyn a'u rhoi ar gefn eu llyfr gweithgaredd. Cofiwch i godi i fyny flodyn arall ar glawr y llyfr.

Gwnewch freichled neu gadwyn cofio. Arferai yr Iddewon didwyll wisgo rhannau o'r Gyfraith wedi ei clymu ar ei garddwn chwith neu eu talcen pan yn gweddïo (Deuterononmium 6:4-9). Bydd angen darn o welltyn yfed 5cm o hyd ar gyfer pob plentyn, darn o edafedd lliwgar neu linyn (yn dibynnu os ydynt yn gwneud y gadwyn neu'r freichled), a darn o bapur lliw 5cm o hyd x 3cm o led sydd â 'Iesu yw Gwaredwr y byd' - Ioan 4:42, wedi'i ysgrifennu arno. Gwthiwch yr edafedd neu linyn trwy y gwelltyn gan roi cwlwm ar bob pen. Gludiwch y darn papur yn diwb oddi amgylch y gwelltyn gan arddangos yr adnod.

Cwis Cyflym!

Atebwch y cwestiynau gan roi eich atebion yn y grid isod.

1. Un sy'n gwylio ar ôl defaid.
2. Llyfr 31 yn yr Hen Destament.
3. Enw yr hogyn gurodd Goliath – ysgrifennwch ef o'r dde i'r chwith – ee Goliath = thailoG.
4. Beth heuodd yr heuwr?
5. Gŵr Sara.
6. Yfodd Iesu hwn o'r ffynnon.

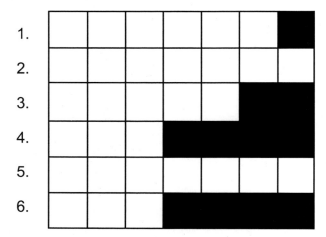

Mae'r llythrennau cyntaf yn y golofn yn sillafu __ __ __ __ __ __

Palestina yn amser Iesu

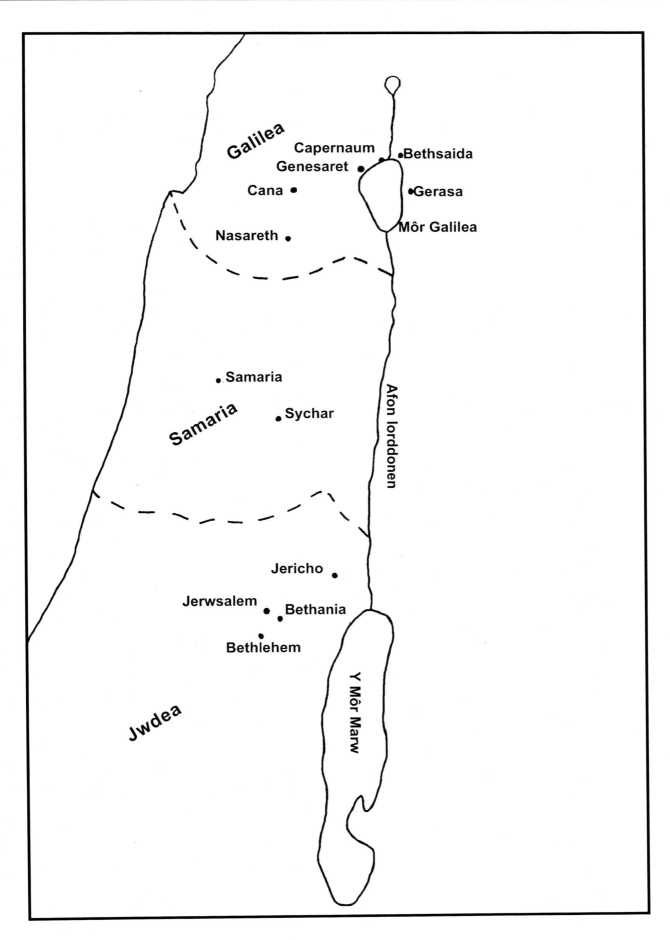

Dechrau o'r Newydd
FFORDD NEWYDD O FYW

Daw'r testun o Ioan 4:1-42.

A ydych erioed wedi bod yn sychedig ac wedi blino?

Un diwrnod, pan oedd Iesu wedi blino ac yn sychedig gofynnodd am ddiod gan berson ahebygol iawn.

Pwy oedd, a pham yr oedd yn rhyfedd i Iesu ofyn i'r person yma? (4:1-9)

Am beth y dywedodd Iesu y buasai hi'n gofyn petae yn deall pwy ydoedd? (a10-12).

A oedd hi'n deall beth yr oedd ef yn ei olygu?

Beth oedd Iesu yn cyfeirio ato wrth sôn am y **dŵr bywiol**?

Darllenwch Ioan 7:37-39.

A fyddai dŵr bywiol yn ein hatal rhag bod yn sychedig? (4:13-15)

A oedd y ddynes yn deall beth oedd Iesu yn ei ddweud?

Gan nad oedd wedi ei ddeall, newidiodd Iesu ei gyflwyniad (Darllenwch adnodau 16-19).

Sylweddolodd y ddynes o Samaria fod Iesu yn gwybod y cyfan am ei bywyd pechadurus. Pwy oedd hi yn meddwl oedd Iesu?

_ _ _ _ _ _ _ _ _ _ _ _ _ _ _ _

Darllenwch adnodau 25-30. Pwy feddyliai hi oedd Iesu erbyn hyn?

_ _ _ _ _ _ _ _ _ _ _ _ _ _ _ _

Darllenwch adnodau 39-42. Yn dilyn tystiolaeth y ddynes a geiriau Iesu, roedd llawer o bobl y dref honno yn medru dweud,

'Gwyddom mai Iesu yw _ _ _ _ _ _ _ _ y _ _ _ '

Er bod ganddynt ddigon o fwyd a diod, mae rhai pobl yn sychedu am rywbeth arall yn eu bywydau. Gan i ddyn cael ei greu i gael perthynas gyda Duw (Genesis 1 - 3) heb y berthynas nid yw'n syndod bod rhywbeth ar goll.

Sut y mae gwahanol bobl yn ceisio bodloni eu syched ysbrydol?
Beth a ddywed y Beibl yw'r unig ffordd?

WYTHNOS 11
Gweld Pethau'n Wahanol

Paratoad:
Darllenwch Ioan 9:1-41, gan ddefnyddio'r nodiadau Beiblaidd i'ch helpu.

Pwrpas y Wers:
I weld mai Iesu yw'r unig un a all agor ein llygaid i'r gwirionedd ysbrydol.

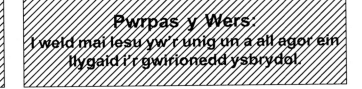

9:2 — Mae ymddygiad y disgyblion (a oedd yn gyffredin ar yr adeg honno) yn adlewyrchiad o'r syniad bod dioddefaint yn ganlyniad pechod.

9:4 — 'Y mae'r nos yn dod' – 'roedd yn bwysig parhau gyda'r gwaith tra yr oedd Iesu gyda hwy fel goleuni'r byd (a.5; 8:12). Mae nos/tywyllwch yn Efengyl Ioan yn aml yn cyfeirio at stâd ysbrydol. Mae rhai pobl yn meddwl fod Iesu yn cyfeirio at yr adeg rhwng y groes a'r Pentecost, pan y cymerir Ef oddi wrthynt ac na fyddant eto wedi eu llenwi gyda'r Ysbryd.

9:5 — Goleuni'r byd. Tystiolaetha yr Hen Destament y byddai y Meseia yn oleuni ar gyfer y rhai oedd yn cerdded mewn tywyllwch (Eseia 9:2-7); 42:1-7) Mae anghredinwyr mewn stâd o ddallineb/tywyllwch ysbrydol a dim ond Duw sy'n medru eu rhyddhau (2 Corinthiaid 4:4-6; 1 Pedr 2:9).

9:6-7 — Ufudd-dod y dyn a barodd iddo gael ei iacháu.

9:16 — Mae hwn yn arddangos deddfoldeb y Phariseiaid – nid oedd gweithredu tosturi mewn unrhyw fodd yn dderbyniol pan yn torri ar y Sabath (gweler hefyd Luc 13:14-16).

9:17 — Noder ymwybyddiaeth raddol y dyn o pwy oedd yr Iesu – y dyn (a.11), proffwyd (a.17) dyn o Dduw (a.33), a'r Meseia (a.38).

9:20-22 — Roedd y rhieni yn barod i ardystio i'w mab gael ei eni yn ddall, ond gwrthodasant gysylltu eu hunain ymhellach oherwydd bod ganddynt ofn eu harweinwyr Iddewig.

9:24 — 'Dywed y gwir gerbron Duw' 'roedd hyn yn ymosodiad arno i ddweud y gwir (gweler hefyd Josua 7:19).

9:25 — Cadwodd y dyn at yr hyn a wyddai.

9:30-33 — Eglurhad y dyn oedd:
1. Roedd ei olwg wedi ei adfer.
2. Mae Duw yn gwrando ar weddïau yr rhai sy'n ufudd iddo.
3. Ni all Iesu, felly, fod yn bechadur.
4. Mae adfer golwg rhywun a anwyd yn ddall heb gynsail.
5. Felly, mae'n rhaid bod y iachäwr o Dduw ac yn rhywun arbennig i fedru iacháu mewn modd unigryw.

9:35 — Cymerodd Iesu yr arweiniad, fel ag y gwnaeth yn wreiddiol (a.6). Roedd 'Mab Duw' yn deitl cydnabyddedig i'r Meseia (Daniel 7:13-14).

9:38 — Roedd yr Iddew ond yn addoli Duw, felly roedd Ioan yn ei gwneud hi'n glir fod y dyn wedi dod i ffydd trwy Iesu.

9:39 — Siaradodd Iesu gyda'r dyn a iachawyd, ond mae'n rhaid iddo wneud mewn lle cyhoeddus gan i'r Phariseiad ei glywed (a.40) Daeth Iesu i achub (Ioan 3:17), ond mae'r cyflwyniad o'r Efengyl, tra yn achub rhai, yn achosi tramgwydd i eraill. Y dall yw'r rhai sy'n gwybod eu bod mewn tywyllwch ysbrydol ac felly yn chwilio am achubiaeth. Mae eraill sy'n meddwl eu bod yn gweld ac heb angen gwaredwr yn parhau mewn tywyllwch ysbrydol, gan eu bod y gwrthod goleuni Crist.

9:41 — Y pechod yw pechod anghrediniaeth.

Cynllun y Wers

Cyn y wers torrwch allan benawdau a hysbysebion am bobl ym myd chwaraeon, pobl sy'n modelu dillad, pobl sy'n colli pwysau neu'n gwisgo'r dillad iawn, a hysbysebion sy'n dweud pa gynnyrch sy'n dda inni e.e. bwyd gyda ychydig o fraster, diodydd heb ychwanegyn, hylif croen, eli i'r gwallt ac ati. Taenwch hwy o amgylch yr ystafell. Rhannwch y plant i dimau er mwyn casglu y darnau. Trafodwch beth sydd ganddynt yn gyffredin – cadw ein cyrff mewn cyflwr da neu teimlo'n dda. Yn ein hastudiaeth o'r Beibl heddiw cawn weld pa mor bwysig yw i ofalu am y rhan o'r corff na fedrwn ei weld na'i gyffwrdd.

Defnyddiwch y tudalennau gweithgaredd i'ch helpu i ddysgu'r wers. Dysgwch yr adnod i'w chopïo.

Os ydych am ddefnyddio cyflwyniad plannu'r hedyn yn y wers wythnos nesaf, plannwch yr hadau gyda'r plant heddiw.

Gweithgaredd

Llun-gopïwch dudalennau 62 a 63 ar gyfer pob plentyn gan eu gosod yng nghefn y llyfr gweithgaredd. Cofiwch i godi fyny flodyn arall ar glawr blaen y llyfr.
Actiwch y stori.

Dechrau o'r Newydd
Gweld pethau'n Wahanol

Daw'r testun o Ioan 9:1-41

Darllenwch adnodau 1-12

'Roedd y dyn wedi'i eni'n ddall

- ☐ am iddo bechu.
- ☐ am i'w rieni bechu.
- ☐ i'n galluogi i weld Duw ar waith.

Sut iachaodd Iesu y dyn?

Beth oedd cymdogion y dyn yn feddwl am yr iacháu?

'Roedd y dyn yn gwybod bod Iesu wedi ei iacháu, ond oedd e'n gwybod pwy oedd Iesu?   **oedd / nag oedd**

Y Phariseiaid yn archwilio
Roedd arweinyddion yr Iddewon yn anhapus ynglŷn â Iesu. Roeddynt yn poeni fwy-fwy am y pethau yr oedd yn eu gwneud a'r hyn yr oedd yn ei ddysgu.

Darllenwch adnodau 13-16. Pam y meddyliai rhai ohonynt nad oedd Iesu o Dduw?

Pam yr oedd rhai ohonynt yn meddwl nad oedd yn bechadur?

YR YMCHWILIAD

A ydych yn meddwl bod y Phariseiaid eisiau gwybod y gwir am beth oedd wedi digwydd?

Darllenwch adnodau 17-34. Beth oedd y dyn a anwyd yn ddall yn ei feddwl o Iesu? (a.17, 25)

Beth oedd yn ei feddwl am ymholiadau y Phariseiaid? (a.27-34)

Roedd y dyn wedi'i daflu allan o'r synagog, ond oedd e'n gwybod pwy oedd Iesu?

Darllenwch adnodau 35-41. Iachawyd y dyn o ddau fath o ddallineb gan Iesu. Roedd yr iachâd cyntaf yn ei alluogi i weld y byd; a'r ail yn ei alluogi i ddeall pwy oedd Iesu a'i addoli.

Iesu yw _ _ _ _ _ _ _ _ 'r byd (a.5). Pan ddaw mae'r rhai sy'n ddall yn gweld a'r rhai sy'n meddwl eu bod yn gweld yn cael eu dallu (a.39). Yn y stori hon pwy yw'r bobl yma? Sut y maent yn dangos eu dallineb?

Mae'n rhaid i Iesu agor 'llygaid dall' cyn y gall pobl ddeall pwy ydyw ac iddynt fedru ei addoli yn Arglwydd. Gadewch inni weddïo am 'lygaid newydd' i'n ffrindiau sydd ddim yn ei adnabod eto.

WYTHNOS 12
Gorchfygu Marwolaeth

Paratoad:
Darllenwch Ioan 11: 1-44, gan ddefnyddio'r nodiadau Beiblaidd i'ch helpu

Pwrpas y Wers:
I ddysgu mai Iesu yw'r unig un a all orchfygu marwolaeth.

Atgyfodiad Lasurus yw'r olaf o'r saith arwydd neu wyrth a gofnodir yn efengyl Ioan. Dewisodd y rhain er mwyn i'r darllenwr gredu mai Iesu yw y Meseia, Mab Duw, a thrwy gredu, gael bywyd newydd. (20:31) Iesu yw Bara Bywyd (6:35) a thrwyddo ef caiff dyn ei eni o'r newydd (3:3) a bywyd tragwyddol (4:14). Y mae marwolaeth, y tywyllwch pennaf i bob dyn (1:5) wedi ei oresgyn ym mherson Iesu (1 Corinthiaid 15:55). Caiff atgyfodiad Lasurus ei weld felly yn wyrth ganolog gan Ioan, yn ragarweiniad i atgyfodiad Crist.

Cafodd y wyrth ei chyflawni ychydig cyn y tro olaf i Iesu fynd i Jerwsalem. Bu raid i Iesu gilio tros yr Iorddonen oherwydd ymddygiad gelyniaethus cynyddol yr awdurdodau crefyddol yn Jerwsalem.

Efallai y buasai o fudd i gadw'r cwestiynau canlynol mewn golwg:

1. Pam y bu i Iesu oedi (a.6)? A oedd yn ddihid? Roedd yn bosib iddo iacháu Lasurus o bellter trwy ei air yn unig, gw. mab y swyddog (4:50).

2. Beth mae'n ei olygu pan ddywed Iesu 'Onid oes deuddeg awr mewn diwrnod?' (a.9)

3. Beth yw'r gwahaniaeth rhwng y wyrth hon o farwolaeth i fywyd â'r rhai a gafodd eu cofnodi yn yr efengylau eraill (Marc 5:22-43, Luc 7:11-17)?

11:1-3 Mae Ioan yn gwneud yn glir pwy yw Lasurus a'i berthynas â Mair, yr un a eneiniodd Iesu, er, nad yw'n cyfeirio at hyn tan Bennod 12.

11:4 Gwyddai Iesu mai cynllun Duw ydoedd i iacháu Lasurus. Ac eto, oherwydd ei gariad tuag at Martha, Mair a Lasurus, roedd eisiau rhywbeth mwy na iachâd corfforol iddynt – dealltwriaeth ysbrydol a chred ddofn. Roedd gweddi Iesu (a.42) ar gyfer y teulu a'r disgyblion, ond gan iddo ddatgelu presenoldeb pŵer Duw, cyrhaeddodd eraill o'r tu allan i'r cylch (a.45) a (20:31).

11:6 Mae'r rhesymau am oediad Iesu yn adnodau 4 a 15.

11:7-8 Roedd Bethania, sy'n ddwy filltir o Jerwsalem, yn agos iawn at yr awdurdodau crefyddol oedd yn ceisio Iesu er mwyn ei ladd.

11:9 Arferai'r Iddewon a'r Rhufeiniaid rannu y diwrnod i ddau gyfnod – deuddeg awr o oleuni a deuddeg o dywyllwch. Roedd yr union amser yn amrywio yn ôl y tymhorau. Roedd Iesu yn dweud wrth y disgyblion ei bod yn ddiogel iddynt fynd i Fethania gan na oedd ei genhadaeth wedi ei chyflawni. Nid oedd mewn perygl tan ddiwedd ei genhadaeth (y 12fed awr). Felly, nid oedd yn iawn iddo beidio â gweithio tan y diwedd.

11:16 Nid oedd y disgyblion mor ffyddiog a'r Iesu na fyddent mewn perygl.

11:17 Roedd pedwar diwrnod yn arwyddocaol ym mywyd Iddewon yr oes. Wedi pedwar diwrnod roeddynt yn ystyried bod marwolaeth yn derfynol a bod enaid y person wedi gadael y bedd.

11:22 Nid oedd Martha yn ceisio awgrymu na fuasai Iesu yn medru codi Lasurus (a.39), ond yn hytrach nad oedd marwolaeth Lasurus wedi achosi iddi golli ei ffydd.

11:25-26 Yn yr awr o brofedigaeth y cysur mwyaf posibl yw yr Arglwydd atgyfodedig. Mae angen nodi bod atgyfodiad yn dod o flaen bywyd yn y frawddeg, oherwydd i'r dyn meidrol mae bywyd newydd yn ganlyniad atgyfodiad. Mae Iesu yn ymestyn yr hyn roedd Martha yn ei ddeall am yr hyn fydd yn digwydd ar y dydd olaf (a.24) ato'i hun fel yr un a all gynnig bywyd newydd.

Mae 'Myfi yw'r atgyfodiad' yn cyfeirio at yr

atgyfodiad olaf i'r credinwyr ar y diwrnod olaf. Iesu yw'r unig un a all ddod a phobl i fywyd tragwyddol trwy yr atgyfodiad olaf oddi wrth y meirw – 'Pwy bynnag sy'n credu ynof fi, er iddo farw, fe fydd byw'.

Fi yw'r bywyd' – y bywyd mae Duw yn ei roi, bywyd tragwyddol (5:21-27) – 'pwy bynnag sydd byw (â bywyd tragwyddol ganddo) ac yn credu ynof fi ni fydd farw. Mae bywyd tragwyddol yn newid oddi fewn a ddaw oddi wrth Dduw, tra y mae 'credu' yn cyfeirio at y safiad y mae'n rhaid i'r unigolyn ei gymryd. Mae gan y credinwr fywyd tragwyddol nawr, ac er y bydd y bywyd meidrol yn dod i ben, bydd y bywyd tragwyddol yn parhau am byth.

11:33 'cynhyrfwyd ysbryd Iesu gan deimlad dwys' – y mae'r cyfeithiad Saesneg wedi meddalu y cyfeithiad Groegaidd, sydd yn awgrymu tristwch ynghyd â dicter a digofaint. Mae rhai esbonwyr yn awgrymu i Iesu gael ei gyffwrdd gan alar y teulu a'r ffrindiau ac yn ddig wrth bechod a marwolaeth, sydd â chymaint o rym yn y byd. Mae eraill yn awgrymu bod y dicter wedi ei gyfeirio at anghrediniaeth yr Iddewon, a oedd yn galaru mewn modd nad oedd yn caniatáu yr atgyfodiad. Awgryma Carson bod yn bosib i'r ddau ddehongliad fod yn gywir. (gweler *Yr Efengyl yn ôl Ioan*, tud 416).

Cynllun y wers

Naill ai plannwch hedyn mwstard neu ferwr(cress) mewn dysgl neu gosodwch ffa mewn potyn jam, gan osod papur blotio oddi mewn i'r potyn. Cyfeiriwch at y ffaith bod yr hedyn/hadau yn ymddangos yn ddifywyd. Rhaid gwneud hyn wythnos o flaen llaw). Rhaid cofio cadw'r hadau yn gynnes ac wedi'u dyfrio trwy gydol yr wythnos. Ar ddechrau'r wers heddiw atgoffwch y plant am blannu'r hadau a sut yr oeddynt yn ymddangos pan e'u plannwyd. Estynnwch y dysglau yr ail wythnos i weld beth sydd wedi digwydd. Yn y bennod heddiw cawn ddysgu beth oedd gan Iesu i ddweud am ddod â bywyd i bethau.

Defnyddiwch y tudalennau gweithgaredd i'ch helpu i ddysgu'r bennod. Dysgwch yr adnod.

Gweithgaredd

Llun-gopïwch dudalennau 66 a 67 ar gyfer pob plentyn gan eu gosod yng nghefn y llyfr gweithgaredd. Cofiwch i godi fyny y blodyn olaf ar y clawr blaen. Cânt fynd a'r llyfrau adref.

Chwaraewch gêm er mwyn adolygu'r gyfres. Dylai'r gêm cael ei chwarae mewn grwpiau o 5-6. Ar gyfer pob grŵp llun-gopïwch dudalen 68 i faint A3 a'i gludio ar gerdyn er mwyn gwneud bwrdd. Llun-gopïwch dudalennau 69 a 70 ar gerdyn ar gyfer pob grŵp a thorrwch hwy i fyny i wneud pecyn o gwestiynnau. Mae'r cyfarwyddiadau eraill ar gyfer chwarae y gêm ar dudalen 68.

Dechrau o'r Newydd

Gorchfygu Marwolaeth

Daw'r testun o Ioan 11:1-45

Darllenwch adnodau 1-16.
Pan glywodd Iesu bod Lasarus yn sâl:

- ☐ Dywedodd y byddai yn marw o'r salwch.
- ☐ Cychwynnodd am Fethania yn syth.
- ☐ Dywedodd bod hyn wedi digwydd er mwyn dangos gogoniant Mab Duw.
- ☐ Dywedodd faint yr oedd yn caru Mair, Martha a Lasarus.

Beth ddywedodd Iesu yr oedd am wneud i Lasarus?

Pa berygl oedd o'i flaen?

Darllenwch adnodau 17-27

MAN MEDDWL

Roedd Martha yn gwybod y byddai ei brawd yn cael ei atgyfodi yn y dydd olaf.

Beth oedd y peth ychwanegol yr oedd Iesu yn gofyn iddi gredu? (a.25)

Darllenwch adnodau 28-37.

A oedd unrhyw un yn disgwyl i Iesu ddod a Lasarus o farw'n fyw?
Oedd / nag oedd

Darllenwch adnodau 38-45

Beth oedd Iesu am i'r bobl sylweddoli drwy wneud y wyrth hon?

Pan ddywedodd Iesu 'Myfi yw'r atgyfodiad a'r bywyd' (a.25) 'roedd yn dweud mai dim ond ef sy'n medru cynnig bywyd tragwyddol ac addo atgyfodiad. Sut y bu i Iesu ddangos y medr wneud yr hyn yr oedd yn ei hawlio?

Molwch Dduw oherwydd, i'r rhai sy'n ymddiried yn Iesu, dechrau bywyd tragwyddol gydag Ef yw marwolaeth, ac nid y diwedd.

43	44 C	45	46 Daw Lasarus yn ôl yn fyw. Ewch ymlaen 1 sgwâr.	47	48 C	49 **Y Nefoedd**
42 C	41	40	39 Mae Iesu yn cysuro Mair a Martha. Ewch ymlaen 3 sgwâr.	38	37 C	36
29 C	30	31 Mae'r dyn dall yn credu yn Iesu. Ewch ymlaen 3 sgwâr.	32	33 C	34	35 Mae Lasarus yn marw. Ewch yn ôl 1 sgwâr
28	27 Iacháu'r dyn dall Ewch ymlaen 1 sgwâr.	26 Mae'r Phariseaid yn gwrthwynebu Iesu. Colli 1 tro.	25	24 C	23	22 Mae llawer o'r Samariaid yn credu yn Iesu. Ewch ymlaen 3 sgwâr.
15	16 C	17	18 Nid yw'r wraig o Samaria yn deall. Ewch yn ôl 3 sgwâr	19	20 C	21
14 Mae Iesu'n gofyn i'r wraig o Samaria am ddiod. Ewch ymlaen 1 sgwâr.	13	12 C	11	10 C	9	8 Mae Nicodemus yn ymweld â Iesu liw nos. Colli 1 tro.
1 **Dechrau Newydd**	2	3 Mae Ioan yn cyfeirio ei ddisgyblion at Iesu. Ewch ymlaen 1 sgwâr.	4	5 C	6	7 Mae Andreas yn dod a'i frawd at Iesu. Ewch ymlaen 2 sgwâr.

Bydd Angen
Cownter i bob chwaraewr
1 dîs
1 paced o gardiau cwestiwn wedi'u cymysgu.

Cyfarwyddyd

1. Taflwch y dîs i benderfynu pwy sy'n cychwyn – y person gyda'r rhif uchaf sy'n ennill

2. Mae'r chwarae wedyn yn mynd gyda'r cloc.

3. Bydd bob chwaraewr yn taflu'r dîs ac yn symud i nifer cywir o sgwariau. Os yw ef/hi yn glanio ar sgwâr gyda chyfarwyddyd, yna rhaid ei ddilyn. Os yw ef/hi yn glanio ar sgwâr gydag C arno, bydd un o'r chwaraewyr eraill yn cymryd y cerdyn uchaf ac yn darllen y cwestiwn. Os yw'r chwaraewr yn ateb yn gywir caiff symud ymlaen 1 sgwâr.

Am ateb anghywir rhaid symud yn ôl 1 sgwâr

4. Y person cyntaf i gyrraedd sgwâr 49, **'Y Nefoedd'**, sy'n ennill.

Noder - Athrawon
Mae'r gêm yma yn fersiwn ddiwygiedig o'r gyfres Dechreuadau Newydd (*New Beginnings series*). Os yw ateb anghywir yn cael ei roi ceisiwch weld a oes rhywun arall yn gwybod yr ateb. (Nid yw ateb cywir gan chwaraewr arall yn golygu ei fod yntau yn symud sgwâr ymlaen.)

C. Pa deitl roddodd Ioan Fedyddiwr i Iesu? A. Oen Duw.	C. Pam y synwyd y ddynes pan ofynnodd Iesu iddi am ddiod? A. Dynes ydoedd a Samariad, ac nid oedd yr Iddewon yn ymwneud â'r Samariaid.
C. Pa stori o'r Hen Destament ddefnyddiodd Iesu fel darlun o'i groeshoeliad. A. Moses yn codi y sarff bres.	C. O glywed Iesu drostynt eu hunain pwy oedd y Samariaid yn dweud oedd Iesu? A. Gwaredwr y Byd.
C. Lle eisteddodd Iesu pan oedd ar ei ffordd i Samaria? A. Wrth y ffynnon.	C. Pa ddiwrnod o'r wythnos iachaodd Iesu y dyn dall? A. Y Sabath.
C. Beth ddywedodd Iesu wrth y ddynes o Samaria a barodd syndod iddi? A. Bod ganddi 5 gŵr, neu, popeth y bu'n ei wneud.	C. Beth ddywedodd Iesu wrth Nicodemus oedd ei angen cyn y cai fynediad i deyrnas Duw? A Bod angen iddo cael ei eni o'r newydd.
C. Sut y bu i Iesu iacháu y dyn dall? A. Gan boeri ar y llawr, gwneud mwd, ei ddodi ar lygaid y dyn gan ddweud wrtho am ymolchi ym mhwll Siloam.	C. Ym mha gyflwr y mae'r person nad yw'n credu yn Iesu? A. Wedi'i gondemnio yn barod.
C. Beth oedd enw brawd Andreas? A. Simon Pedr.	C. Beth ddywedodd Iesu y medrai ei roi i'r ddynes? A. Y dŵr bywiol.
C. Sut y mae Duw yn dangos ei gariad at y byd yn Ioan 3:16? A. Gan roi ei unig anedig Fab.	C. Ers pryd y bu'r dyn yn ddall? A. O'i enedigaeth.

C. Pwy oedd yn ysbrydol ddall? A. Y Phariseiaid.	C. Beth wnaeth Iesu pan welodd pa mor drist oedd pawb wedi marwolaeth Lasarus? A. Wylo.
C. Beth oedd enw'r dre lle roedd Lasarus yn byw? A. Bethania.	C. Beth y dywed Rhufeiniaid 6:23? A. Y mae pechod yn talu cyflog, sef marwolaeth; ond rhoi yn rhad y mae Duw, rhoi bywyd tragwyddol yng Nghrist Iesu ein Harglwydd.
C. Pan yr oedd Iesu yn siarad gyda Martha, beth a alwodd ei hun? Fi yw .... A. Yr Atgyfodiad a'r Bywyd	C. Ymhle yn y Beibl y cewch hyd i: Y mae pechod yn talu cyflog, sef marwolaeth; ond rhoi yn rhad y mae Duw, rhoi bywyd tragwyddol yng Nghrist Iesu ein Harglwydd A. Rhufeiniaid 6:23
C. Sut y cododd Iesu Lasarus o'r meirw? A. Dywedodd wrtho am ddod allan o'r bedd.	C. Pa un o'r chwiorydd oedd y cyntaf i gwrdd â Iesu ar ei ffordd i dŷ Lasurus? A. Martha.
C. Ymhle yn y Beibl y cewch hyd i: Y mae pechod yn talu cyflog, sef marwolaeth; ond rhoi yn rhad y mae Duw, rhoi bywyd tragwyddol yng Nghrist Iesu ein Harglwydd. A. Rhufeiniaid 6:23	C. Pam y bu i Martha gwestiynu Iesu pan y dywedodd wrthynt am dynnu'r garreg o geg y bedd? A. Gan y byddai arogl drwg yno ar ôl 4 diwrnod.
C. Am faint y bu Lasarus yn y bedd? A. 4 diwrnod.	C. Beth a ddywed Rhufeiniaid 6:23? A. Y mae pechod yn talu cyflog, sef marwolaeth; ond rhoi yn rhad y mae Duw, rhoi bywyd tragwyddol yng Nghrist Iesu ein Harglwydd.

WYTHNOS 13
Dweud y Gwir

Paratoad:
Darllenwch y gwahanol benodau o'r Beibl gan ddefnyddio'r nodiadau Beiblaidd i'ch helpu.

Pwrpas y Wers:
I sicrhau bod y plant yn gwybod yr efengyl, ac i'w hannog i rannu'r efengyl gyda'u ffrindiau.

Cynllun y wers

Dangoswch lun o weithgaredd i'r plant. Rhowch y llun o'r neilltu gan ofyn i'r plant egluro beth oedd yn digwydd. Eglurwch iddynt eu bod yn actio fel tystion. Gosodwch 2 gannwyll ar ganwyllbrennau. Rhowch dân ar y ddwy gan ddiffodd golau'r ystafell. Gorchuddiwch 1 cannwyll fel na welir ei golau. Trafodwch – a yw'r gannwyll o werth pan na fedrwch weld y golau? Mae Cristion nad yw'n tystio i Iesu yr un fath â channwyll sydd wedi'i gorchuddio. Mae hi/fe yn Gristion (mae'r gannwyll yn dal yno), ond nid yn un defnyddiol iawn. Gadewch inni weld beth y mae'r Beibl yn ei ddweud am hyn. Defnyddiwch y tudalennau gweithgaredd i ddysgu'r wers.

Mathew 5: 14-16
Dywedwyd yr adnodau yma wrth ddisgyblion Iesu (a.1-2). Yr oedd yr Iddewon yn gweld eu hunain fel goleuni'r byd (Rhufeiniaid 2:17-20).

5:16 Gweithredoedd da yw y goleuni. Mae'r cymhelliad y tu ôl i'r weithred yn bwysig. Mae yma er mwyn i Dduw cael ei glodfori – ond gweler Mathew 6:1 am enghraifft o ysgogiad anghywir.

Mathew 28:18-20
Cafodd y comisiwn mwyaf ei roi i'r disgyblion (a.16) ac mae'n berthnasol i'r eglwys ar hyd yr oesoedd.

28:19-20 Y ddau brif gymhwyster i wneud disgyblion – bedyddio a dysgu.

Ioan 3:16-18
3:16 Mae'r adnod hon yn adrodd yr Efengyl yn gryno.

3:17-18 Nodwch bod y rhai nad ydynt yn credu yn Iesu wedi'u condemnio yn barod.

Rhufeiniaid 1:16
Mae'r efengyl ar gyfer pawb. Mae angen i'r plant drafod pam nad ydynt yn trafod Iesu gyda'u ffrindiau. A ydynt â chywilydd o gael eu cydnabod fel Cristnogion?

Rhufeiniaid 10:14-17
Y mae'r adnodau yma yn dangos y pwysigrwydd o ddweud wrth eraill am Iesu. Sut y medr eu ffrindiau gredu yn Iesu os nad oes neb wedi dweud wrthynt amdano?

Iago 2:14
Rhaid i'n geiriau cael eu cefnogi gan ein gweithredoedd.

1 Ioan 4:20
Mae'r adnod hon yn addas iawn ar gyfer y plant, sydd mewn oed pryd y medrant wrthryfela yn erbyn eu gilydd.

Gweithgaredd

Llun-gopïwch dudalennau 72 a 73 cefn wrth gefn ar gyfer pob plentyn.

Ysgrifennwch y dywediadau canlynol ar ddarnau o gerdyn, 1 set ar gyfer 3-4 plentyn.

- Gwnaeth Duw pob dim ac roedd yn dda.
- Mae Duw yn fy ngharu ac mae eisiau imi fod yn ffrind iddo.
- Mae pob peth drwg yr wyf yn ei wneud yn rhoi rhwystr rhyngof â Duw.
- Bu farw Iesu ar y groes er mwyn tynnu'r rhwystr i ffwrdd.
- Cododd Iesu o'r meirw er mwyn dod a bywyd newydd i'r rhai sy'n credu ynddo.
- Os ydwyf am fod yn ffrind i Dduw mae'n rhaid i mi ddweud bod yn ddrwg gennyf wrtho.
- Rhaid i mi gredu mai Iesu yw Duw ac mae ef sy'n medru fy achub.
- Rhaid i mi ymostwng i Iesu fel Brenin fy mywyd.

Rhannwch y plant i grŵp o 3 neu 4. Rhowch set o'r dywediadau iddynt. Yr enillwyr yw'r rhai cyntaf i osod y dywediadau yn y drefn gywir.

Dechrau o'r Newydd

Dweud y gwir

Gwahanol destunau o'r Beibl

Beth yw tyst? Enghraifft o dyst yw rhywun sy'n mynd i'r llys i egluro beth a ddigwyddodd mewn damwain car.

Sut y gall Cristion fod yn dyst?

1. wrth _ _ _ _ _ _ _ _ (Rhufeiniaid 10:14-17)
2. wrth _ _ _ _ _ _ _ _ (Mathew 5:14-16)

A fedrwch gael un heb y llall?

Mae rhai pobl yn mynd i wledydd eraill i ddweud wrth bobl am Iesu, ond d'oes dim rhaid i chi fynd ymhell; medrwch fod yn dystion gartref ac yn yr ysgol.

☺ Darllenwch Mathew 28:18-20 a Ioan 3:16-18. Pam y dylem ddweud wrth eraill am Iesu?

☺ Pryd y dylem wneud?

Beth mae'r cartŵnau yma yn ei ddysgu i ni am dystiolaethu?

Darllenwch 1 Ioan 4:20

Darllenwch Iago 2:14

Beth yw'r Newydd Da am Iesu?
A ydwyf yn gwybod beth i'w ddweud wrth fy ffrindiau?
(Darllenwch Ioan 3:16-18 am gymorth.)

Beth sy'n atal i mi fod yn dyst?

Rhestr Weddïo

_____

_____

_____

Gwnewch restr o dri ffrind y dymunwch iddynt ddod i adnabod Iesu.

Meddyliwch am ffyrdd y medrwch dystiolaethu iddynt yr wythnos hon.

Proffwydoliaeth wedi ei chyflawni?

Arolwg

Wythnos 14	DRAMA GŴYL Y GENI	
Wythnos 15	I BWY Y GENIR Y MESEIA? I ddarganfod beth oedd yn wybyddus am gefndir y Meseia.	*Genesis 49:10, Jeremiah 23:5-6, Eseia 7:13-14, Matthew 1:1-25.*
Wythnos 16	BLE CAIFF Y MESEIA EI ENI? I ddarganfod beth oedd yn wybyddus am fan geni y Meseia.	*Micha 5:2-5, Luc 2:1-20*
Wythnos 17	PAM Y CAIFF Y MESEIA EI ENI? I ddarganfod beth a wnai'r Meseia pan ddeuai.	*Eseia 9:2-7, Luc 2:22-35*
Wythnos 18	Y SALMAU Yr Eneiniog Un	*Salm 2: 1-12*

Amcan y Gyfres

1. I ddeall pa broffwydoliaethau ynglŷn â'r Meseia gafodd eu cyflawni ar ddyfodiad cyntaf Iesu a pha rai gaiff eu cyflawni pan y daw Iesu eto.

2. I ddeall yr angen i Dduw agor ein llygaid os ydym am adnabod Iesu fel y Meseia.

Wrth ateb cyhuddiad yr Iddewon ynglŷn â thorri deddfau Duw pan iachaodd ar y dydd saboth (Ioan 5:16) dywedodd Iesu bod yr ysgrythur y maent yn ei astudio er mwyn cael bywyd tragwyddol (sef yr Hen Destament) yr union ysgrythyrau sy'n tystiolaethu amdano ef (Ioan 5:39). Yn y gyfres hon cawn astudio rhai o broffwydoliaethau ynglŷn â dyfodiad y Meseia a cheisio darganfod pam na wnaeth yr Iddewon adnabod Iesu pan ddaeth. Cawn astudio un neu fwy o'r proffwydi o'r HD yn wythnosol, gan eu dilyn gyda darlleniad perthnasol o hanes y Nadolig. Mae angen i'r plant weithio allan pa ran o'r proffwydoliaethau gafodd eu cyflawni gan ddyfodiad cyntaf Iesu a pha rhai sydd eto i'w cyflawni pan y daw Iesu yr eilwaith. Yn y proffwydoliaethau mae dyfodiad cyntaf Iesu a'r ail wedi eu plethu ac, o ganlyniad nid oedd yn bosib adnabod Iesu fel y Meseia trwy ddealltwriaeth dyn yn unig; y pryd hynny, fel y dyddiau yma, mae angen i Dduw i agor llygaid dyn i weld y gwirionedd (Salm 119: 18, Ioan 12: 37-41).

Medrwch, os y dymunwch ddefnyddio Drama Gŵyl y Geni fel rhan o'r astudiaeth neu cewch ei gadael allan.

Gwaith i'w Gofio

Wele ferch ifanc yn feichiog, a phan esgor
ar fab, fe'i geilw'n Immanuel.
Eseia 7:14

Wythnos 14
Drama Gŵyl y Geni

Mae dau bachgen yn trafod y Nadolig pan y dont ar draws dwnel dirgel. Ânt trwy'r twnel gan lanio ym Mhalesteina adeg geni Iesu. Mae'r bechgyn yn gweld stori y Nadolig yn datblygu ac, ar y diwedd, ymunant gyda'r bugeiliaid a'r doethion i addoli y baban Iesu.

Iolo (neu Iola); Philip (neu Philippa); Adroddwr; Angel Gabriel; Mair; Joseff; Tafarnwr; Prif Fugail + bugeiliaid; Prif Angel + angylion; 3 Gŵr doeth + gweision (heb fod yn orfodol); Plant yn chwarae *recorders*.

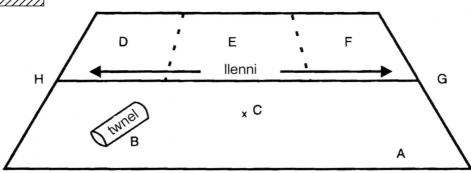

Mae angen seren i hongian uwchben E

Mae Ioan a Philip yn dod i fewn yn G ac yn cerdded tuag at B.

Ioan: Be wyt ti'n ei wneud dydd Sadwrn, Philip? Wyt ti eisiau dod acw?

Philip: Fedra i ddim. Mae mam eisiau i mi fynd i brynu anrhegion i bawb. Mae'n gymaint o boen. Mae hi'n fedlam gwyllt acw bob mis Rhagfyr.

Ioan: Rwy'n gwybod. Mae mam bob tro yn dweud, 'Bydd pethau yn wahanol y flwyddyn nesa' ac mi wnawn ni siopa ynghynt' Mae o hyd yn dweud ein bod yn anghofio gwir ystyr y Nadolig. Stori tylwyth teg ydi hi i mi.

Philip: Mae hi'n iawn, wyddost ti. Mae yna stori iawn i'w gael tu ôl i'r holl dinsel a'r coed Nadolig. *[Hoe]* Oni fuasai'n wych petae'r twnel acw *[pwyntio at y twnel]* yn medru ein cludo yn nôl i'r gorffennol er mwyn inni gael gweld y stori drosom ein hunain!

Cyrhaeddant B.

Ioan: I ble mae'r twnel yma'n mynd beth bynnag? D'oedd o ddim yma ddoe. Tyd yn dy flaen, dwi am fusnesa.

Â Ioan a Philip trwy'r twnel. Ar yr un pryd, mae Mair yn cerdded o G i C gan benlinio a wynebu'r gynulleidfa. Daw Angel Gabriel o'r tu ôl i'r llenni yn E gan sefyll tu ôl i Mair.

Philip: Mair ydi hi!

Saif y ddau fachgen yn ôl fel petaent wedi dychryn. Daw'r adroddwr i fewn o G i sefyll yn A.

Adroddwr: Anfonodd Duw Angel Gabriel i Nasareth. 'Roedd gan yr angel neges i Mair, a oedd wedi dyweddïo i Joseff.

Symuda'r angel i sefyll ger Mair.

Gabriel: Henffych! Y mae'r Arglwydd gyda thi. Paid ag ofni Mair, oherwydd cefaist ffafr gyda Duw. Byddi di'n rhoi genedigaeth i fachgen, ac yr wyt i'w alw'n Iesu. Bydd hwn yn fawr ac fe'i gelwir yn Fab y Goruchaf.

Mair: Sut y digwydd hyn gan nad wyf eto'n briod?

Gabriel: Daw'r Ysbryd Glân arnat a bydd nerth y Goruchaf yn dy gysgodi. Gan hynny gelwir y plentyn sanctaidd yn Fab Duw.

Mair: Dyma lawforwyn yr Arglwydd. Bydded i mi yn ôl dy air di.

Â'r Angel o'r llwyfan i H a Mair o'r llwyfan i G. Ioan a Philip symud i C.

Ioan: Ydi hynna'n golygu bod baban Mair yn *[seibiant bach]* fab Duw?

Philip: Ydi.

Seibiant

Adroddwr: Yn y dyddiau hynny aeth gorchymyn allan oddi wrth, Cesar Awgwstus, i gofrestru'r holl Ymerodraeth, felly bu raid i Joseff a Mair fynd i Fethlehem.

Daw Mair a Joseff i fewn yn G gan symud i C. Symuda Ioan a Philip yn ôl i sefyll ger y twnel.

Adroddwr: Roedd Mair yn feichiog a thra ym Methlehem daeth yr amser i'r baban cael ei eni.

Â Joseff i fyny at y 'drws' yn F, gyda Mair yn ei ddilyn. Mae Joseff yn curo'r drws, ac ymddangosa'r tafarnwr.

Tafarnwr: Noswaith dda. Sut y medraf eich helpu?

Joseff: Noswaith dda. A oes gennych ystafell inni yn eich llety?

Tafarnwr: Mae'n ddrwg gennyf, ond 'rydym yn llawn. Ond cewch ddefnyddio'r stabl.

Dangosa'r tafarnwr iddynt y ffordd i 'ddrws' y stabl E.

Joseff: Diolch yn fawr iawn i chi.

Â Joseff i'r stabl, gan helpu Mair, a chau'r 'drws'. Mae'r plant sydd â'r recorders yn chwarae 'I orwedd mewn Preseb'.

Ioan: Medraf glywed cerddoriaeth!

Adroddwr: Yn yr ardal gerllaw 'roedd bugeiliaid yn gwylio eu praidd.

Agor Ioan y llenni yn D i ddangos golygfa o'r bugeiliaid. Symuda Ioan a Philip yn nôl rhwng C ac A. Cana'r Bugeiliaid y pennill cyntaf o 'I orwedd mewn Preseb'. Ymddangosa'r Prif Angel i'r bugeiliaid. Edrycha'r bugeiliaid mewn ofn.

Angel: Peidiwch ag ofni! Oherwydd yr wyf yn dod a newydd da o lawenydd mawr i'r holl bobl. Heddiw yn nhref Dafydd, ganwyd i chwi waredwr. Ef yw Crist yr Arglwydd. A dyma arwydd i chwi – cewch hyd i'r baban wedi ei rwymo mewn darnau o ddillad ac yn gorwedd mewn preseb.

Ymddangosa gweddill o'r angylion.

Angylion: Gogoniant yn y goruchaf i Dduw, ac ar y ddaear tangnefedd ymhlith dynion sydd wrth ei fodd.

Seibiant. Angel/a'r bugeiliaid i sefyll yn llonydd.

Philip: Golyga hyn y medrwn gael tangnefedd gyda Duw dim ond inni gredu bod Iesu wir yn Dduw ac iddo ddod i'n gwaredu.

Ioan: Wel am anrheg Nadolig hyfryd gan Dduw!

Angylion yn gadael y llwyfan yn H.

Prif Fugail: Gadewch inni fynd i Fethlehem i weld yr hyn y mae yr Arglwydd wedi ei ddweud wrthym.

Bugeiliaid yn symud i C, yna i E at 'ddrws' y stabl. Agorir y 'drws' gan Joseff gan adael iddynt ddod i fewn.

Storiwr: Wedi i Iesu cael ei eni ym Methlehem daeth gwŷr doeth o'r Dwyrain, yn dilyn y seren newydd tra yn chwilio am Frenin yr Iddewon.

Ffanffer recorder

Ioan: Y gwŷr doeth!

Rhed Ioan i safle F gan bwyntio at y Gwŷr Doeth anweledig a'u gweision. Recorders yn chwarae 'Tri Ŷm Ni' gyda'r Gwŷr Doeth a'r gweision yn canu y pennill cyntaf tra y symudant tua C. Yna o C i E. Daw Joseff allan o'r stabl gan gyfarch y Gwŷr Doeth.

Gŵr Doeth: Ble mae'r baban sydd wedi ei eni i fod yn Frenin yr Iddewon? Gwelsom ei seren yn y dwyrain ar 'rydym wedi dod i'w addoli.

Mae Joseff yn tynnu'r llenni yn ôl gan ddangos y bugeiliaid yn addoli'r baban Iesu. Daw y Gwŷr Doeth a'u gweision i fewn i'r stabl gan osod eu hunain yn safle F. Y plant i ganu 'Iesu faban, cwsg yn bêr' (i gyfeiliant recorders). Y Gwŷr Doeth i gamu ymlaen i gyflwyno eu hanrhegion o aur, thus a myrr. Saib. Pawb i lonyddu.

Ioan: Mae'r Gwŷr Doeth yn rhoi anrhegion iddo. Be' gai i roi iddo?

Chwilota Ioan trwy ei bocedi. Unawdydd i ganu pennil olaf 'Ganol gaeaf noethlwm'.

Unawdydd: Beth a roddaf iddo, llwm a thlawd fy myd?
Pe bawn fugail rhoddwn orau'r praidd i gyd;
Pe bawn un o'r doethion gwnawn fy rhan ddi-goll,
Ond pa beth a roddaf? Fy mywyd oll.

Mae Ioan yn edrych i fyny mewn syndod, gan edrych tuag at y baban. Symuda tuag at y grŵp sydd o amgylch y baban, gyda Philip yn ei ddilyn. Plygant i lawr. Recorders, y plant a'r gynulleidfa i ail-ganu bennill olaf o 'Ganol gaeaf noethlwm' fel diweddglo i'r drama.

Carolau

I orwedd mewn preseb
Tri i'm ni o'r dwyrain
Iesu Faban, cwsg yn bêr
Ganol gaeaf noethlwm

Dodrefn

Bwrdd wedi ei orchuddio gyda blanced/lliain i wneud twnel; Baban wedi'i rwymo mewn siol a'i osod mewn bocs o wair; Teganau meddal - defaid; Anrhegion y Gwŷr doeth; Seren.

WYTHNOS 15
Ar gyfer pwy y genir y Meseia?

Paratoad:
Darllenwch Genesis 49:10, Jeremeia 23:5-6, Eseia 7:13-14, Mathew 1:1-25 gan ddefnyddio'r nodiadau Beiblaidd i'ch helpu

Pwrpas y wers:
I ddarganfod beth oedd yn wybyddus am gefndir y Meseia

Edrychwch ar broffwydoliaethau yr HD **cyn** darllen y rhannau o'r TN.

Genesis 49:10
Mae Jacob yn gosod ei fendith olaf i'w feibion cyn ei farwolaeth (49:1).Cydnabyddir y rhain i fod yn arwyddocaol.

'Teyrnwialen'- arwydd o frenhiniaeth.

Hyd oni ddaw i Seilo - Cyfeirir yma at y Meseia. (Gweler hefyd Salm 72:8-11; 'roedd yr Iddewon yn deall fod y salm hon yn cyfeirio at y Meseia.)

'Nid oedd y gair 'Meseia' (yr Un Eneiniog) yn derm patriachaidd, ond cysylltwyd yr adnod â disgwyliadau am y Meseia yn hwyrach yn hanes Israel. Deallwyd hyn i olygu y buasai'r Meseia yn dod o dylwyth yn Jwdea ac yn rheoli dros y cenhedloedd.

Jeremiah 23:5-6
'Blaguryn' egin neu dyfiant newydd oddiar goeden wedi ei thorri. Caiff y teitl yma ei ddefnyddio ar gyfer y Meseia yn Jeremeia 33:14-16, Eseia 4:2-6;11:1-9, Sechareia 3:8; 6:12-13.

Mae enw'r Meseia, 'yr Arglwydd ein Cyfiawnder', yn disgrifio ei gymeriad. Yng ngolwg Duw y dyn cyfiawn yw'r hwn a geidw at gyfraith Duw (gweler Job 1:8,22; 2:3,10) . Felly, pan y daw y Meseia, gwna ddyn yn iawn gerbron Duw (Eseia 45:21).

Mae'r adnodau yma yn dweud y daw y Meseia o linach Dafydd, y bydd yn gyfiawn, yn ddoeth ac yn frenin gan arbed ei bobl oddi wrth eu gelynion.

Eseia 7:13-14
Roedd yr arwydd ar gyfer tŷ Dafydd (7:13). Defnyddir yr un gair 'merch ifanc' (7: 14) i ddisgrifio darpar wraig yn Genesis 24:43 a Miriam yn Exodus 2:8.

Golyga "Immanuel" (7: 14) Duw gyda ni, ac yn arwydd y bydd y plentyn yn ddwyfol yn ogystal a dynol.

Mathew 1:1-25
Nid yw'r nodiadau ar gyfer y bennod hon yn drwyadl ond yn canolbwyntio ar ei pherthynas â'r proffwydoliaethau yn yr HD.

1:2-16   Mae'r adnodau yma yn olrhain llinach Iesu trwy Joseff (yr hwn y cyfeirir ato fel ei dad) gan brofi bod Iesu yn ddisgynydd o Dafydd. Sylwch ar safleoedd Jwda (1:3) a Dafydd (1:6-7). Daeth Iesu o dylwyth Jwda ac o linach Dafydd.

1:18   Mae'r adnod hon yn datgan na chafodd Joseff gyfathrach rywiol gyda Mair cyn geni Iesu (gweler hefyd 1:25).

1:20-21   Mae Iesu yn golygu 'achubiaeth yr Arglwydd'.

1:22-23   Cf. Eseia 7:14.

Cynllun y wers

Defnyddiwch bôs-air pensil a phapur, e.e. *Hangman*, i gael y gair 'proffwydoliaeth'. Trafodwch ystyr y gair. Gofynnwch i'r plant am enwau rhai o broffwydi o'r Beibl. Rhestrwch hwy ar fwrdd gwyn. Yn nyddiau Iesu, yr oedd yr Iddewon yn edrych ymlaen at ddyfodiad y Meseia (neu yr Un Eneiniog). Heddiw, edrychwn ar beth ddywedodd rhai o'r proffwydi am enedigaeth y Meseia.

Ewch trwy'r proffwydoliaethau yn yr HD, gan restru rhai o'r pwyntiau ar y bwrdd gwyn,

e.e. Genesis 49: 9-10 - Jwda ... fy mab;
- iddo ef y bydd ufudd-dod y bobloedd.

Edrychwch ar Mathew, pennod 1. Crynhowch yr achau gan ddarllen adnodau 2-6 a 16-17 yn unig. Trafodwch pa broffwydoliaethau sydd wedi eu cyflawni. Darllenwch weddill yr adnodau o Mathew a thrafodwch pa broffwydoliaethau gafodd eu cyflawni yn y gweithgareddau hyn.

Pa broffwydiaethau sydd eto i'w cyflawni? Dysgwch yr adnod.

Gweithgaredd

Dros y tair wythnos nesaf caiff y plant wneud mobeil seren, o 3 seren wedi uno â'i gilydd efo edau cotwm du (gweler y llun).

I baratoi at y wers llun-gopïwch dudalen 81 ar gerdyn gan dorri allan batrymlun o seren i bob plentyn.

Defnyddia'r plant y patrymlun i dorri allan 3 seren ar gerdyn metaleg aur neu arian.

Pob wythnos caiff y plant ddewis adnod allan o'r Beibl sy'n golygu rhywbeth arbennig iddynt gan ei hysgrifennu ar gefn y seren nesaf. Gellir pwytho'r sêr gyda'i gilydd cyn y sesiwn nesaf.

Templedi ar gyfer Mobeil Seren

WYTHNOS 16
Ple caiff y Meseia ei eni?

Paratoad:
Darllenwch Micha 5:2-5a, Luc 2:1-20 gan ddefnyddio'r nodiadau Beiblaidd i'ch helpu

Pwrpas y Wers:
I ddarganfod beth oedd yn wybyddus am fan geni y Meseia

Edrychwch ar broffwydoliaeth yr HD **cyn** darllen y darlleniad yn TN.

Micha 5:2-5a
Hon oedd y broffwydoliaeth gydnabyddedig ynglŷn â genedigaeth y Meseia (Mathew 2:3-6).

5:2   Bethlehem Effrata - gweler Genesis 35:19, 1 Samuel 16:1. Roedd Bethlehem yn dref fechan yn Jwdea

'a'i darddiad yn y gorffennol' – yn cyfeirio at achau y Meseia yn estyn yn ôl i'r Patriarchiaid, yn ogystal ac iddo fodoli cyn ei ddyfodiad. Cyfeiria at ei dduwdod.

5:3   Caiff Israel ei gadael i farnedigaeth nes y caiff y Meseia ei eni. Caiff ei eni o ddynes.

5:4   Bydd y Meseia yn gofalu am ei bobl fel y gofala'r bugail am ei braidd - darparu bwyd, dŵr, gwarchod rhag y gelynion ac ati. Mae'r bugeilio yma yn cael ei gysylltu â Brenhiniaeth (gweler hefyd Eseia 40:10-11). Bydd mawredd y Meseia yn fyd-eang.

5:5a Y Meseia fydd eu tangnefedd (Effesiaid 2:14 15).

Luc 2:1-20
Nid yw'r nodiadau yn y bennod yma yn drylwyr ond yn tanlinellu y berthynas gyda'r broffwydoliaeth yn yr HD.

2:4-6   Cafodd y baban ei eni ym Methlehem.

2:11   Ef fydd y Gwaredwr a'r Arglwydd.

2:14   Caiff tangnefedd Duw ei wasgar ar y rhai sydd ganddynt ffafr ag Ef - mae yn anhaeddiannol.

Cynllun y wers

Dechreuwch drwy fynd dros yr hyn a ddysgwyd yr wythnos diwethaf. Atgoffwch y plant bod yr Iddewon, yn nyddiau Iesu, yn edrych ymlaen at ddyfodiad y Meseia (neu yr Un Eneiniog). Yn dilyn y sesiwn wythnos diwethaf rhestrwch y proffwydoliaethau a gyflawnwyd a'r rhai na gyflawnwyd. Heddiw byddwn yn edrych ar yr hyn a ddywedodd rhai o'r proffwydi am ble y caiff y Meseia ei eni.

Darllenwch yr adnodau o Micha, gan restru y prif bwyntiau ar fwrdd gwyn,

e.e. Micha 5:2-5a   - geni ym Methlemhem
                    - llywodraethu dros Israel
                    - a'i darddiad o'r Patriarchiaid (Abraham), ac ati.

Darllenwch Luc. Trafodwch pa rai o'r proffwydoliaethau gafodd eu cyflawni yn y digwyddiadau yma.

Pa rai sydd eto i'w cyflawni?

Adolygwch yr adnod i'w chofio.

Gweithgaredd

Parhewch i wneud y mobeil seren (gweler y cyfarwyddiadau ar gyfer Wythnos 15 ar dud. 80).

WYTHNOS 17
Pam y caiff y Meseia ei eni?

Paratoad:
Darllenwch Eseia 9:2-7, Luc 2: 22-35 gan ddefnyddio'r nodiadau Beiblaidd i'ch helpu

Pwrpas y Wers:
I ddarganfod beth a wnai'r Meseia pan ddeuai.

Edrychwch ar broffwydolaethau yr HD **cyn** darllen y bennod yn y TN.

Eseia 9:2-7

9:2 Roedd Eseia yn proffwydo yn ystod teyrnasiad Ahas, brenin Jwdea. Yn ystod y cyfnod hwn roedd Israel o dan ymosodiad gan Asyria ac roedd yn adeg o dduwch ysbrydol (gweler 8:19 - 9:1).

9:3 Cyfnod o heddwch a ffyniant, a oedd yn gyferbyniad llwyr i'w sefyllfa bresennol.

9:4-5 Cyfeiria'r adnodau hyn at waredydd nerthol fel Gideon, a waredodd ei bobl o afael Midian (Barnwyr 6 a 7).

9:6 Mae'r adnod hon yn disgrifio cymeriad y gwaredydd ac mae pob term yn ôl Alec Motyer, yn gymysgedd o'r duwiol a'r dynol.

'Cynghorwr rhyfeddol' – caiff y gair 'rhyfeddol' ei ddefnyddio yn aml yn y Beibl i olygu goruwchnaturiol, felly golyga'r term dduwioldeb y danfonydd (gweler Eseia 28:29).

'Cawr o ryfelwr'- gweler Eseia 10:20-21.

'Tad bythol'- mae Ef yn dragwyddol (gweler Micha 5:2).

'Tywysog heddychlon'- golyga ffyniant yn ogystal a dim gwrthdaro (gweler Micha 5:5).

9:7 Bydd ei lywodraeth yn dragwyddol a bydd yn teyrnasu ar orsedd Dafydd (gweler Jeremeia 23:5-6).

Luc 2:22-35

2:22-24 Gweler Lefiticus 12, Exodus 13:13-15, Numeri 18:15.

2:25 Mae 'diddanwch' yn golygu cysur (gweler Eseia 40:1-2; 61:1-3 y ddwy bennod yn rhai Meseianaidd).

2:30 'Iachawdwriaeth'- gweler Eseia 52:10.

2:32 'Goleuni' – gweler Eseia 9:2, Cydnabu Simeon i'r Meseia ddod nid yn unig ar gyfer yr Iddewon ond hefyd y cenedl-ddynion (gweler Genesis 49:10).

Cynllun y Wers

Mae'r astudiaeth yr wythnos hon ar y cyd ag wythnos 16. Buasai o fudd i ddechrau trwy grynhoi yr hyn a ddysgwyd yn ystod y pythefnos flaenorol i weld beth a wyddys am y Meseia o'r HD, pa broffwydoliaethau gafodd eu gwireddu trwy ei enedigaeth, ac sydd eto i'w cyflawni. Heddiw cawn edrych ar beth ddywedodd rhai o'r proffwydi am beth a wnai y Meseia ar ei ddyfodiad.

Darllenwch y bennod o Eseia, gan restru'r prif bwyntiau ar fwrdd gwyn. Darllenwch y bennod o Luc. Trafodwch pa broffwydoliaethau gafodd eu cyflawni yn y digwyddiadau.

Pa broffwydoliaethau sydd eto i'w cyflawni? Trafodwch pam nad adnabu'r Iddewon y Meseia pan ddaeth i'r byd (gweler tudalen 74).
Adolygwch yr adnod i'w chofio.

Gweithgaredd

Cwblhewch y mobeil seren (gweler y cyfarwyddiadau ar gyfer wythnos 15 ar dudalen 80).

Os yw amser yn caniatáu chwaraewch gêm o adolygiad. Cyn y wers ysgrifennwch ar ddarnau o gerdyn holl broffwydoliaethau'r HD y buoch yn eu hastudio yn ystod y 3 gwers, un broffwydoliaeth fesul cerdyn. Gwnewch ddigon o setiau i ganiatáu 1 set ar gyfer 3-4 plentyn. Rhannwch y plant i grwpiau gan roddi un set o'r cardiau wedi eu cymysgu i bob grŵp. Yr ennillwyr yw'r grŵp cyntaf i wahanu y proffwydoliaethau a gyflawnwyd yn dilyn genedigaeth Iesu a'r rhai sydd eto i'w cyflawni.

WYTHNOS 18
Yr Eneiniog Un

Paratoad:
Darllenwch Salm 2: 1-2 gan ddefnyddio'r nodiadau Beiblaidd i'ch helpu

Pwrpas y Wers:
I ddeall mor ddiwerth yw gwrthryfela yn erbyn Duw a'i Eneiniog Un.

Mae Salm 2 allan o'r llyfr cyntaf yn y Sallwyr (gweler y braslun ar dud. 6) ac yn un a gaiff ei dyfynnu amlaf yn y Testament Newydd. Mae'n debygol iddi gael ei defnyddio fel salm coroni ac mae'n adrodd am yr amser pryd y bydd yr holl genhedloedd yn penlinio mewn gwrogaeth i'r Eneiniog Un gerbron Duw. Rhennir y salm yn bedair rhan - adnodau 1-3, 4-6, 7-9 a 10-12. Byddwn yn edrych ar y darlleniadau o'r TN sy'n dyfynnu o'r salm er mwyn cynorthwyo gyda'r dehongliad.

2:1-3 **Mae'r cenhedloedd yn gwrthryfela yn erbyn teyrnasiad Duw.**

2:2 Yr Un Eneiniog yw'r un a osododd Duw fel Brenin ar fynydd Seion. Golyga eneinio i osod arwahan ar gyfer gwasanaeth arbennig (gweler 1 Samuel 16:13).

Mae'r Actau 4:25-26 yn dehongli Salm 2:1-2 fel cyfeiriad at y Croeshoeliad ac yn tystio mai Dafydd yw'r awdur. Noder Actau 4:28 – Defnyddiodd Duw wrthryfel ofer dyn i wireddu ei gynllun perffaith.

2:4-6 **Mae Duw yn sefydlu yr Eneiniog Un yn Frenin.**

2:4 Mae'n chwerthinllyd bod dyn yn ceisio profi ei nerth yn erbyn y Duw Hollalluog.

2:6 Seion yw Jerwsalem (1 Samuel 5:7), y lle y dymuna Duw drigo (Salm 50:2).

2:7-9 **Mae Duw yn rhoi i'r Un Eneiniog awdurdod dros y cenhedloedd.**

2:7 Gweler 2 Samuel 7:12-16 – Addewid Duw i Dafydd ynglŷn ag un o'i ddisgynyddion. Mae'r bennod hon wedi ei chysylltu â Salm 2 yn Hebreaid 1:5.

Mae Actau 13:33 yn defnyddio'r adnod hon pan yn cyfeirio at yr atgyfodiad.

Mae Hebreaid 1:5 yn ei dyfynnu i ddangos mai Iesu yw'r Meseia (yr Un Eneiniog, gan mai Ef y geilw Duw yn fab iddo (Marc 1:11; 9:7).

Mae Hebreaid 5:5 yn dyfynnu adnod 7 i esbonio galwad Iesu i swyddogaeth y prif offeiriad yn yr un modd ag Aaron.

2:8-9 Gweler Genesis 12:1-3.

2:9 Mae'r wialen haearn yn arwyddocaol o lywodraeth. 'Roedd ffon y bugail yn cael ei ddefnyddio i reoli ac amddiffyn y defaid.

Defnyddia Datguddiad 2:27 yr adnod pan yn mynegi y caiff awdurdod y Meseia ei ddirprwyo i'w weision.

Datguddiad 12:5; 19:15 – mae'r ddau yn dyfynnu yr adnod pan yn cyfeirio at y Meseia.

2:10-12 **Geilw Duw ar y cenhedloedd i ymostwng i deyrnasiad yr Un Eneiniog.**

2:11-12 'Cusanwch ei draed' – mwy na thebyg yn golygu 'rhoi gwrogaeth'.

Mae dicter Duw yn cael ei arddangos i'r rhai sy'n parhau i wrthryfela yn ei erbyn.

Nodwch tosturi Duw yn y frawddeg olaf o'r salm.

Cynllun y wers

Dechreuwch trwy atgoffa'r plant am y cyfres flaenorol o salmau (Wythnos 1 a 2). Trafodwch beth yw salm a sut y defnyddiwyd y salmau. Defnyddiwch y llun ar y patrymlun ar dud. 11 i atgoffa'r plant lle yr addolwyd Duw.

Eglurwch bod gan y brenhinoedd yn adeg yr Hen Destament, bŵer di-amod ac roedd un gan bob llwyth neu genedl. Byddent yn aml mewn rhyfel â'i gilydd. Gadewch inni weld beth a ddywed y Beibl am yr un a wnaeth Duw yn frenin. Rhannwch y bennod yn 4 adran gan ddarllen a thrafod pob adran. Gorffennwch drwy wneud y weithgaredd canlynol.

Gweithgarwch

Llun-gopïwch tud. 86 ar gyfer pob plentyn. Unwaith y bydd y plant wedi esbonio y neges mewn côd, gwnewch frawddegau o'r geiriau gan eu rhestri ar fwrdd gwyn. Sut mae hyn yn ffitio i fewn gyda'r hyn a ddysgwyd yn y gyfres flaenorol? Defnyddiwch y pwynt trafod ar ddiwedd y daflen gweithgaredd.

Yr Eneiniog Un — Salm 2: 1-12

Yn y blwch côd yma cyfeirir at bob llythyren gyda rhif a llythyren, yn ôl pa res a cholofn mae ynddi, e.e. côd 3c yw N oherwydd ei bod yn rhes 3 a cholofn c.

	a	b	c	ch
1	D	M	Y	S
2	T	U	E	F
3	CH	O	W	B
4	Y	DD	N	C
5	I	G	LL	H
6	A	R	TH	L

Gweithia'r geiriau côd yma allan.

1a	2b	3c

1b	6a	3ch

2a	2c	6b	2ch	4a	1ch	2b

3ch	6b	2c	4c	5a	4c

5c	3b	3a	2c	1ch

2a	2c	4a	6b	4c	6a	1ch	2b

1a	5a	2ch	2c	6c	6a

4ch	2c	4c	5ch	2c	1a	6ch	3b	2c	4b

Nawr gosod y geiriau yn y brawddegau i ddarganfod beth mae'r salm yma yn ein dysgu am y Meseia.

Mae'r cenhedloedd yn _____ yn ei erbyn (ad.1-3).

Ef yw'r _____ ar fynydd Seion (ad.6).

Ef yw ___ ___ (ad.7).

Bydd yn _____ dros y _____ (ad.8-9).

Bydd yn _____ y rhai sy'n dal i wrthryfela yn ei erbyn (ad. 10-12).

_____ fydd ef i'r rhai sy'n dod ato (ad.12).

Amser i drafod

Am bwy y mae'r Salmydd yn sôn?
A yw diwedd y salm yn wir i mi?